中华人民共和国行业推荐性标准

公路装配式混凝土桥梁设计规范

Specifications for Design of Highway Precast Concrete Bridges

JTG/T 3365-05—2022

主编单位：中交第二公路勘察设计研究院有限公司
批准部门：中华人民共和国交通运输部
实施日期：2022 年 08 月 01 日

人民交通出版社股份有限公司
北 京

律师声明

本书所有文字、数据、图像、版式设计、插图等均受中华人民共和国宪法和著作权法保护。未经人民交通出版社股份有限公司同意，任何单位、组织、个人不得以任何方式对本作品进行全部或局部的复制、转载、出版或变相出版。

本书扉页前加印有人民交通出版社股份有限公司专用防伪纸。任何侵犯本书权益的行为，人民交通出版社股份有限公司将依法追究其法律责任。

有奖举报电话：(010) 85285150

北京市星河律师事务所
2020 年 6 月 30 日

图书在版编目（CIP）数据

公路装配式混凝土桥梁设计规范：JTG/T 3365-05—2022 / 中交第二公路勘察设计研究院有限公司主编. —北京：人民交通出版社股份有限公司，2022.3
ISBN 978-7-114-17885-6

Ⅰ.①公… Ⅱ.①中… Ⅲ.①公路桥—装配式梁桥—钢筋混凝土桥—桥梁设计—设计规范—中国 Ⅳ.①U448.142.5-65

中国版本图书馆 CIP 数据核字（2022）第 038055 号

标准类型： 中华人民共和国行业推荐性标准
标准名称： 公路装配式混凝土桥梁设计规范
标准编号： JTG/T 3365-05—2022
主编单位： 中交第二公路勘察设计研究院有限公司
责任编辑： 李 沛
责任校对： 孙国靖 扈 婕
责任印制： 刘高彤
出版发行： 人民交通出版社股份有限公司
地　　址： (100011) 北京市朝阳区安定门外外馆斜街 3 号
网　　址： http://www.ccpcl.com.cn
销售电话： (010) 59757973
总 经 销： 人民交通出版社股份有限公司发行部
经　　销： 各地新华书店
印　　刷： 北京市密东印刷有限公司
开　　本： 880×1230　1/16
印　　张： 5.75
字　　数： 130 千
版　　次： 2022 年 3 月　第 1 版
印　　次： 2022 年 3 月　第 1 次印刷
书　　号： ISBN 978-7-114-17885-6
定　　价： 60.00 元

（有印刷、装订质量问题的图书，由本公司负责调换）

中华人民共和国交通运输部

公 告

第 19 号

交通运输部关于发布《公路装配式混凝土桥梁设计规范》的公告

现发布《公路装配式混凝土桥梁设计规范》(JTG/T 3365-05—2022),作为公路工程行业推荐性标准,自 2022 年 8 月 1 日起施行。

《公路装配式混凝土桥梁设计规范》(JTG/T 3365-05—2022)的管理权和解释权归交通运输部,日常解释和管理工作由主编单位中交第二公路勘察设计研究院有限公司负责。

请各有关单位注意在实践中总结经验,及时将发现的问题和修改建议函告中交第二公路勘察设计研究院有限公司(地址:湖北省武汉市经济技术开发区创业路 18 号,邮政编码:430056),以便修订时研用。

特此公告。

中华人民共和国交通运输部
2022 年 2 月 25 日

交通运输部办公厅　　　　　　　　　　　　　　　　2022 年 3 月 1 日印发

前　言

根据《交通运输部关于下达 2018 年度公路工程行业标准制修订项目计划的通知》（交公路函〔2018〕244 号）的要求，由中交第二公路勘察设计研究院有限公司承担《公路装配式混凝土桥梁设计规范》（以下简称"本规范"）的制定工作。

编制组通过资料调研、理论分析计算、试验研究、实体工程验证等工作，总结吸收了近年来我国公路装配式混凝土桥梁设计方面的成熟经验和相关科研成果，参考借鉴了国外相关标准，经过多次征求意见及评审修改，完成了本规范的编制工作。

本规范包括 7 章和 3 个附录，分别为：1 总则、2 术语和符号、3 基本规定、4 材料、5 上部结构、6 下部结构、7 抗震设计，附录 A 吊点设计、附录 B 活性粉末混凝土材料性能、附录 C 圆形管墩-承台承插式连接设计要求。

本规范由冯鹏程、余顺新、夏飞负责起草第 1、2、3、4 章，徐宏光、李国平、夏飞、朱玉、俞文生负责起草第 5 章，周良、李国平、余顺新、张晟斌、叶文华负责起草第 6 章，耿波、周良、李雪峰负责起草第 7 章，李雪峰负责起草附录 A，朱玉负责起草附录 B，余顺新、夏飞、王志刚负责起草附录 C。

请各有关单位在执行过程中，将发现的问题和意见，函告本规范日常管理组，联系人：夏飞（地址：湖北省武汉经济技术开发区创业路 18 号；邮编：430056；电话：027-84214184；电子邮箱：741283551@qq.com），以便修订时参考。

主 编 单 位：中交第二公路勘察设计研究院有限公司
参 编 单 位：上海市城市建设设计研究总院（集团）有限公司
　　　　　　　安徽省交通规划设计研究总院股份有限公司
　　　　　　　同济大学
　　　　　　　招商局重庆交通科研设计院有限公司
　　　　　　　江西省交通投资集团有限责任公司

主　　　编：冯鹏程
主要参编人员：余顺新　夏　飞　李国平　周　良　朱　玉　张晟斌
　　　　　　　徐宏光　耿　波　叶文华　李雪峰　俞文生

主　　　审：鲍卫刚
参与审查人员：秦大航　梁立农　李春风　刘　钊　姜友生　袁　洪
　　　　　　　詹建辉　王景全　聂利英　付克俭　马健中　胡志坚

　　　　　　　　魏立新　余培玉　李华云　刘　硕　陈　冉　卢　健
　　　　　　　　吴有铭　赵会东　史方华　丁望星　张永涛　陈　鸣
　　　　　　　　王德志　谭邦明　丁继武　刘　勇　孔佳伟　贾俊峰
　　　　　　　　刘海清　李春生

参 加 人 员：王志刚　段宝山　杨大海　陈金州　李　谦　刘　颖
　　　　　　　魏思斯　曾明辉

目　次

1 总则 ··· 1
2 术语和符号 ·· 2
　2.1 术语 ··· 2
　2.2 符号 ··· 3
3 基本规定 ··· 8
　3.1 一般规定 ·· 8
　3.2 作用及作用效应组合 ··· 8
　3.3 设计要求 ·· 8
4 材料 ··· 10
　4.1 混凝土、钢筋和钢材 ··· 10
　4.2 连接材料 ·· 10
5 上部结构 ··· 15
　5.1 一般规定 ·· 15
　5.2 构造规定 ·· 15
　5.3 计算规定 ·· 19
　5.4 持久状况承载能力极限状态计算 ·· 19
　5.5 持久状况正常使用极限状态计算 ·· 32
　5.6 持久状况和短暂状况的构件接缝位置应力计算 ··································· 35
6 下部结构 ··· 39
　6.1 一般规定 ·· 39
　6.2 构造规定 ·· 41
　6.3 计算规定 ·· 45
　6.4 持久状况承载能力极限状态计算 ·· 46
　6.5 持久状况正常使用极限状态计算 ·· 53
　6.6 持久状况和短暂状况的构件接缝位置应力计算 ··································· 54
7 抗震设计 ··· 55
　7.1 一般规定 ·· 55
　7.2 抗震验算 ·· 56
　7.3 抗震措施 ·· 63

附录 A　吊点设计 ··· 65
附录 B　活性粉末混凝土材料性能 ·· 68
附录 C　圆形管墩-承台承插式连接设计要求 ··· 77
本规范用词用语说明 ··· 82

1 总则

1.0.1 为规范和指导公路装配式混凝土桥梁的设计，推进桥梁工业化发展，提升桥梁工程的品质，制定本规范。

1.0.2 本规范适用于公路装配式混凝土梁式桥梁的设计。

1.0.3 公路装配式混凝土桥梁的设计，应遵循安全、耐久、适用、环保、经济和美观的原则，综合考虑预制、运输、安装等施工因素。

1.0.4 公路装配式混凝土桥梁的设计除应符合本规范的规定外，尚应符合国家和行业现行有关标准的规定。

2 术语和符号

2.1 术语

2.1.1 装配式混凝土桥梁 precast concrete bridge
由预制混凝土构件通过可靠的方式连接组合成整体的混凝土桥梁。

2.1.2 胶接缝 epoxy joint
混凝土构件预制节段的结合面采用涂抹环氧基树脂材料的接缝。

2.1.3 砂浆填充接缝 mortar joint
混凝土构件预制节段的结合面采用水泥基砂浆填充后压密的接缝。

2.1.4 现浇混凝土接缝 cast-in-place concrete joint
混凝土构件的预制节段之间采用现浇混凝土连接的接缝，又称湿接缝。

2.1.5 灌浆套筒连接 grouted splicing sleeve
在金属套筒的端部插入钢筋并压注水泥基灌浆料的钢筋连接方式。

2.1.6 灌浆波纹钢管连接 rebar splicing by grouted corrugated steel pipe
混凝土预制构件预埋受力钢筋插入另一构件的预埋波纹钢管内并压注水泥基灌浆料的钢筋连接方式。

2.1.7 构件承插式连接 socket connection
将预制构件一端插入相接构件的预留孔内，通过浇筑混凝土或压注水泥基灌浆料，使构件连接成整体的连接方式。

2.1.8 钢筋插槽式连接 grouted pocket connection
将预制构件预埋受力钢筋整体插入相接构件的预留孔内部，通过浇筑混凝土，使两者连接成整体的连接方式。

2.1.9 全厚度预制桥面板 full-depth deck
沿桥面板厚度方向一次性预制完成的桥面板。

2.1.10 部分厚度预制桥面板 partial-depth deck
桥面板厚度方向仅预制部分厚度，现场浇筑剩余厚度的桥面板。

2.1.11 剪弯比 ratio of shear to bending moment
剪力与弯矩设计值之比，用于判断节段拼装受弯构件接缝截面是否应进行抗剪弯承载力计算。

2.2 符号

2.2.1 材料性能

E_c——混凝土的弹性模量；
f_{cd}、f_{td}——混凝土的轴心抗压、抗拉强度设计值；
f_{ck}、f_{tk}——混凝土的轴心抗压、抗拉强度标准值；
f'_{ck}、f'_{tk}——施工阶段混凝土的轴心抗压、抗拉强度标准值；
$f_{cu,k}$——边长为150mm的混凝土立方体抗压强度标准值；
$f_{pd,e}$——体外预应力钢筋的抗拉强度设计值；
$f_{pd,i}$——体内预应力钢筋的抗拉强度设计值；
$f'_{pd,i}$——体内预应力钢筋的抗压强度设计值；
f_{sd}、f'_{sd}——普通钢筋的抗拉、抗压强度设计值；
$f_{sr,d}$——内环钢筋的抗拉强度设计值；
$f_{su,d}$——U形钢筋的抗拉强度设计值；
$f_{sv,d}$——箍筋的抗拉强度设计值；
$f_{sv,k}$——穿过可能剪切开裂面钢筋或核心混凝土加强钢筋的抗拉强度标准值。

2.2.2 作用与作用效应

M_d——弯矩设计值；
$M_{spd,cc}$——圆形截面受压构件全部纵向连续普通钢筋和预应力钢筋合力产生的抗弯力矩设计值；
$M_{spd,cr}$——环形截面受压构件全部纵向连续普通钢筋和预应力钢筋合力产生的抗弯力矩设计值；
M_{ud}——受弯或受压构件截面抗弯承载力设计值；
M_y——桥墩等效屈服弯矩；
N_d——轴向压力设计值；
$N_{spd,c}$——受压构件纵向连续普通钢筋和预应力钢筋的合力设计值；

$N_{spd,cc}$——圆形截面受压构件全部纵向连续普通钢筋和预应力钢筋的合力设计值；

$N_{spd,cr}$——环形截面受压构件全部纵向连续普通钢筋和预应力钢筋的合力设计值；

$N_{spd,f}$——受弯构件纵向连续普通钢筋和预应力钢筋的合力设计值在接缝截面法向的分力；

N_{ud}——受压构件的截面抗压承载力设计值；

T_d——竖向拉力的设计值；

V_d——剪力设计值；

V_k^t——施工阶段计入动力系数作用标准值组合在接缝截面产生的剪力；

$V_{pb,d}$——弯起预应力钢筋拉力设计值在与构件轴线垂直方向的分力；

V_{pd}——弯起预应力钢筋拉力设计值在接缝截面切向的分力；

V_{pe}——弯起预应力钢筋的永存预加力在与构件轴线垂直方向的分力；

$\overline{V}_{ud}$——截面抗剪承载力上限值；

σ_c——剪压区混凝土的压应力设计值；

σ_{cc}——使用阶段接缝截面混凝土的最大压应力；

σ_{cc}^t——施工阶段接缝截面边缘混凝土的最大压应力；

σ_{cp}——使用阶段接缝位置混凝土的最大主压应力；

σ_{ct}^t——施工阶段接缝截面边缘混凝土的最大拉应力；

σ_{lt}——作用准永久组合下接缝截面边缘混凝土的拉应力；

σ_{pc}——永存预加力作用下接缝截面边缘混凝土的压应力，或全部预应力钢筋在受拉区体内预应力钢筋合力点产生的预压应力；

σ_{pc}'——全部预应力钢筋在截面受压区体内预应力钢筋合力点产生的预压应力；

$\sigma_{pc,a}^t$——施工阶段接缝截面的平均压应力；

$\sigma_{pd,e}$——体外预应力钢筋的极限应力设计值；

$\sigma_{pe,e}$、$\sigma_{pe,i}$——体外、体内预应力钢筋的永存应力；

$\sigma_{pe,i}'$——截面受压区体内预应力钢筋的永存应力；

$\Delta\sigma_{pu,e}$——体外预应力钢筋的极限应力增量；

σ_{st}——作用频遇组合下接缝截面边缘混凝土的拉应力；

σ_{tp}——预加力和作用频遇组合下接缝位置混凝土的主拉应力；

σ_{tp}^t——施工阶段构件中心轴处接缝位置混凝土的主拉应力；

$\sigma_{p0,i}$——圆形或环形截面体内预应力钢筋合力点处混凝土正应力等于零时体内预应力钢筋的应力；

$\sigma_{p0,i}'$——截面受压区体内预应力钢筋合力点处混凝土正应力等于零时体内预应力钢筋的应力；

τ_c——剪压区混凝土的剪应力设计值；

τ_{cj}^t——施工阶段接缝界面的剪应力；

τ_{ck}^t——施工阶段剪力键根部截面混凝土的剪应力。

2.2.3 几何参数

A_c——圆形或环形截面的面积；

A_{cj}——接缝的截面面积；

$A_{ck,i}$——第 i 个键块根部的截面面积；

A_{cv}——可能开裂面的截面面积或 U 形钢筋交错重叠部分所围核心混凝土投影平面的净面积；

$A_{p,e}$——体外预应力钢筋的截面面积，或圆形或环形截面全部体外预应力钢筋的截面面积；

$A_{pb,i}$、$A_{pb,e}$——体内、体外弯起预应力钢筋的截面面积；

$A_{p,i}$——截面受拉区体内预应力钢筋的截面面积，或圆形或环形截面全部体内预应力钢筋的截面面积；

$A'_{p,i}$——截面受压区体内预应力钢筋的截面面积；

A_s——截面受拉区纵向连续普通钢筋的截面面积，或圆形或环形截面全部纵向连续普通钢筋的截面面积；

A'_s——截面受压区纵向连续普通钢筋的截面面积；

A_{sr}——内环钢筋的截面面积；

A_{su}——一个 U 形钢筋双肢总截面面积；

A_{sv}——穿过可能剪切开裂面钢筋的计算截面面积，或核心混凝土加强钢筋的截面面积，或斜截面范围内配置在同一截面的箍筋各肢截面面积之和；

a_{min}——T 形截面剪压区高度最小时压力合力作用点至截面受压边缘的距离；

b——矩形截面的宽度、带翼板截面的肋板或腹板垂直于构件弯曲平面的宽度，或现浇接缝的宽度；

b_e——矩形截面的有效宽度、带翼板截面的肋板或腹板沿厚度方向的有效宽度；

b'_f——矩形截面的宽度或带翼板截面受压翼板的有效宽度；

$b'_{f,s}$——矩形截面的宽度或带翼板截面受压翼板的抗剪有效宽度；

b'_h——受压翼板承托或加腋的宽度；

b_t——矩形截面的宽度、带翼板截面的肋板或腹板沿厚度方向的宽度，或箱体截面各腹板沿厚度方向的宽度之和；

C——斜截面的水平投影长度；

D——U 形钢筋双肢轴线的间距；

e——轴向压力作用点至截面受拉侧或受压较小侧的纵向连续普通钢筋和体内预应力钢筋合力点的距离；

e_0——轴向压力对换算截面形心轴的初始偏心距；

h——构件截面高度；

h_e——减去受拉侧纵向普通钢筋保护层厚度的截面抗剪有效高度；

h'_f——受压翼板有效宽度内的平均厚度；

$h_{p,e}$——体外预应力钢筋合力点至截面受压边缘的初始距离；

$h_{p,i}$——截面受拉区或受拉侧体内预应力钢筋合力点至截面受压边缘的距离；

$h_{pu,e}$——体外预应力钢筋合力点至截面受压边缘的极限距离；

h_s——截面受拉区纵向连续普通钢筋合力点至截面受压边缘的距离；

$h_{spd,c}$——$N_{spd,c}$的作用点至截面受压边缘的距离；

$h_{spd,f}$——$N_{spd,f}$的作用点至截面受压边缘的距离；

h_w——矩形截面的高度、带翼板截面扣除上下翼板厚度的肋板净高度或扣除顶底板厚度的腹板净高度；

h_0——截面受拉区纵向连续普通钢筋和体内预应力钢筋的合力点至截面受压边缘的距离；

L——构件的计算跨径；

L_1——体外预应力钢筋在构件跨内的长度；

L_2——体外预应力钢筋锚具之间的长度；

l——相邻U形钢筋的交错搭接长度；

Δl——接缝压密值；

R_d——转向器孔道的半径；

r——圆形截面的半径；

r_c——成品索截面的外半径；

r_s——圆形或环形截面纵向连续普通钢筋所在圆周线的半径；

r_p——圆形或环形截面体内预应力钢筋所在圆周线的半径；

r_1、r_2——环形截面的外、内半径；

s——相邻交叉U形钢筋的轴线间距；

s_v——斜截面范围内的箍筋间距；

x——接缝截面剪压区的高度；

x_{min}——矩形截面剪压区的最小高度；

α——接缝两侧相邻U形钢筋圆端头连线与U形钢筋轴线的夹角；

θ_e、θ_i——体外、体内弯起预应力钢筋的合力与构件轴线的夹角，或体外、体内弯起预应力钢筋的合力与接缝截面法向的夹角；

θ_u——塑性铰区域的最大容许转角（rad）。

2.2.4 计算系数及其他

c、c_i——混凝土、接缝连接材料界面的黏结强度；

K——混凝土界面的极限剪切强度；

k_{sc}——体外预应力钢筋极限应力增量的修正系数；

k_t——施工阶段接缝连接材料界面黏结强度的折减系数；

m——剪跨比；

P——截面受拉区纵向连续普通钢筋和预应力钢筋的配筋率；

α_c ——对应剪压区混凝土的圆心角（rad）与2π的比值；
α_{EP} ——体内预应力钢筋弹性模量与混凝土弹性模量之比；
α_s ——截面形状影响系数；
α_{tc} ——圆形截面受拉纵向连续普通钢筋和体内预应力钢筋的截面面积与全部纵向连续普通钢筋和体内预应力钢筋的截面面积之比；
α_{tr} ——环形截面受拉纵向连续普通钢筋和体内预应力钢筋的截面面积与全部纵向连续普通钢筋和体内预应力钢筋的截面面积之比；
α_1 ——异号弯矩影响系数；
γ_0 ——结构重要性系数；
ξ_b ——截面相对界限受压区高度；
η ——偏心受压构件轴向压力的偏心距增大系数；
η_s ——体外预应力二次效应的修正系数；
λ ——预应力配筋形式的影响系数；
μ ——预应力孔道摩擦系数或混凝土界面的摩擦系数；
ϕ ——受压翼板影响系数；
ϕ_c ——接缝对抗压承载力的折减系数；
ϕ_f ——接缝对抗弯承载力的折减系数；
ϕ_j ——接缝对混凝土抗剪强度的折减系数；
ϕ_s ——接缝对截面抗剪承载力上限值的折减系数；
ϕ_y ——桥墩等效屈服曲率；
ω ——构件受拉区纵向连续普通钢筋和体内预应力钢筋占受拉区全部纵向连续普通钢筋和预应力钢筋的等效配置比。

3 基本规定

3.1 一般规定

3.1.1 公路装配式混凝土桥梁应采用以概率论为基础、按分项系数表达的承载能力极限状态和正常使用极限状态设计方法进行设计。

3.1.2 桥梁预制构件分块应考虑结构整体受力特性要求和运输安装条件。连接部应受力明确、构造可靠。

条文说明

桥梁预制构件分块设计决定了构件尺寸、连接部位置等关键因素，对结构受力性能、整体承载力、工程造价都有一定影响。连接部是装配式混凝土结构的薄弱环节，也是设计的关键点。主要设计理念为选用安全可靠的连接技术，通过合理的连接节点构造措施，将装配式构件组合成一个整体，保证其与现浇混凝土结构具有基本相同的承载力、整体性、延性和耐久性，达到与现浇混凝土结构相同的使用功能。

3.2 作用及作用效应组合

3.2.1 作用的分类、代表值、作用组合及结构重要性系数的取值，应符合现行《公路桥涵设计通用规范》（JTG D60）的规定。

3.2.2 预制构件在吊装、运输等短暂状况下进行施工验算时，构件重力应乘以动力系数。动力系数应按现行《公路桥涵设计通用规范》（JTG D60）的规定采用。吊点设计可按本规范附录 A 执行。

3.3 设计要求

3.3.1 装配式混凝土桥梁的设计应符合现行《公路钢筋混凝土及预应力混凝土桥涵设计规范》（JTG 3362）的规定。

3.3.2 装配式混凝土桥梁预制墩柱的拼接缝不宜设置于水位变动区及浪溅区。

3.3.3 体外预应力体系的耐久性设计应满足下列要求：
    1 体外预应力钢筋根据环境条件可采用环氧涂层钢绞线、无黏结钢绞线或钢绞线成品索等。
    2 体外预应力钢筋应便于检查、维修，并应保证桥梁中部分或全部体外预应力钢筋可再次张拉调整或更换。
    3 体外预应力钢筋锚头的防护应根据锚具类别确定适用的多重防护措施类型。

条文说明

    体外预应力体系耐久性设计包括体外预应力钢筋、锚具和转向块的耐久性设计。体外预应力钢筋的常用防腐方法包括保护层防腐、套管防腐和采用单股无黏结钢绞线等，可以参照现行《体外预应力索技术条件》（GB/T 30827）选用。体外预应力钢筋锚头的防腐措施需要考虑索力是否可调以及锚具是否可更换等因素，多重防护措施类型可以参考现行《公路工程混凝土结构耐久性设计规范》（JTG/T 3310）选用。

4 材料

4.1 混凝土、钢筋和钢材

4.1.1 混凝土、普通钢筋、预应力钢筋和钢材的设计指标等应符合现行《公路钢筋混凝土及预应力混凝土桥涵设计规范》（JTG 3362）和《公路钢结构桥梁设计规范》（JTG D64）的规定。

4.1.2 钢筋混凝土预制构件的混凝土强度等级不应低于C30；预应力混凝土预制构件的混凝土强度等级不应低于C40；湿接缝混凝土强度等级不应低于预制构件混凝土强度等级。

4.1.3 普通钢筋采用灌浆套筒连接和灌浆波纹钢管连接时，应采用热轧带肋钢筋。

4.2 连接材料

4.2.1 灌浆连接套筒按加工方式可采用铸造灌浆套筒或机械加工灌浆套筒，按钢筋连接方式可制作成全灌浆套筒或半灌浆套筒。

条文说明

灌浆连接套筒是目前预制拼装下部结构较常采用的一种连接方式，其作用是将一根钢筋的力传递至另一根钢筋。全灌浆套筒一端为预制安装端，另一端为现场拼装端，套筒中间设置钢筋限位挡板，套筒下端设置压浆口，套筒上端设置出浆口。半灌浆套筒的钢筋机械连接端为预制安装端，另一端为现场拼装端，套筒下端设置压浆口，上端设置出浆口。

4.2.2 采用球墨铸铁制造的灌浆连接套筒，材料应符合现行《球墨铸铁件》（GB/T 1348）的规定，其材料性能应符合表4.2.2的规定。

表 4.2.2 球墨铸铁灌浆连接套筒的材料性能

项目	材料	抗拉强度 R_m（MPa）	断后伸长率 A（%）	球化率（%）	硬度（HBW）	珠光体含量（%）
性能指标	QT 500	≥500	≥7	≥85	170~230	≥55
	QT 550	≥550	≥5	≥85	180~250	≥55
	QT 600	≥600	≥3	≥85	190~270	≥55

4.2.3 采用优质碳素结构钢加工的灌浆连接套筒，其材料的机械性能应符合现行《优质碳素结构钢》（GB/T 699）的规定，并应符合表4.2.3的规定。

表 4.2.3 各类钢灌浆套筒的材料性能

项目	材料	屈服强度 R_{eL}（MPa）	抗拉强度 R_m（MPa）	断后伸长率 A（%）
性能指标	45#圆钢	≥355	≥600	≥16
	45#圆管	≥335	≥590	≥14

4.2.4 钢筋采用灌浆套筒连接后，连接接头抗拉强度不应小于连接钢筋抗拉强度标准值，且破坏时应断于接头外钢筋，连接接头变形性能应符合表4.2.4的规定。

表 4.2.4 接头的变形性能

项目		变形性能要求
对中单向拉伸	残余变形（mm）	$u_0 ≤ 0.10$（灌浆套筒外径 $d ≤ 32$）
		$u_0 ≤ 0.14$（灌浆套筒外径 $d > 32$）
	最大力下总伸长率（%）	$A_{sgt} ≥ 6.0$
高应力反复拉压	残余变形（mm）	$u_{20} ≤ 0.3$
大变形反复拉压	残余变形（mm）	$u_4 ≤ 0.3$ 且 $u_8 ≤ 0.6$

注：u_0 为接头试件加载至0.6倍钢筋屈服强度标准值并卸载后在规定标距内的残余变形；A_{sgt} 为接头试件的最大力下总伸长率；u_{20} 为接头试件按规定加载制度经高应力反复拉压20次后的残余变形；u_4 为接头试件按规定加载制度经大变形反复拉压4次后的残余变形；u_8 为接头试件按规定加载制度经大变形反复拉压8次后的残余变形。

条文说明

考虑到塑性铰区反复地震荷载作用下套筒内钢筋存在拔出的风险，会导致墩柱承载力和延性能力降低，因此灌浆套筒连接接头要能经受规定的高应力和大变形反复拉压循环检验。

4.2.5 用于灌浆波纹钢管连接的波纹钢管宜采用直缝电焊钢管和无缝钢管制作。钢管应采用Q235钢或以上牌号的钢材，技术指标应符合现行《直缝电焊钢管》（GB/T 13793）或《结构用无缝钢管》（GB/T 8162）的规定。

4.2.6 用于钢筋灌浆套筒连接的水泥基灌浆料性能应满足表 4.2.6 的要求。

表 4.2.6 钢筋灌浆套筒连接用水泥基灌浆料的性能指标

项 目		性 能 指 标
流动性（mm）	初始	≥320
	30 min	≥260
抗压强度（MPa）	1d	≥35
	3d	≥60
	28d	≥100
竖向膨胀率（%）	3h	0.02~2
	24h 与 3h 差值	0.02~0.4
28d 自干燥收缩（%）		≤0.045
氯离子含量（%）		≤0.03
泌水率（%）		0

条文说明

钢筋连接用灌浆料要具有高强、早强、和易性好、微膨胀等特性，灌浆料的性能指标参照现行《钢筋连接用套筒灌浆料》（JG/T 408）确定。

4.2.7 用于钢筋灌浆波纹钢管连接的水泥基灌浆料性能应满足表 4.2.7 的要求。

表 4.2.7 钢筋灌浆波纹钢管连接用水泥基灌浆料的性能指标

项 目		性 能 指 标
流动性（mm）	初始	≥200
	30 min	≥150
抗压强度（MPa）	1d	≥35
	3d	≥55
	28d	≥80
竖向膨胀率（%）	3h	≥0.02
	24h 与 3h 差值	0.02~0.5
氯离子含量（%）		≤0.06
泌水率（%）		0

条文说明

灌浆波纹钢管连接通过钢筋与灌浆料之间的锚固黏结来实现应力的传递，灌浆料性能指标参照现行《装配式混凝土结构技术规程》（JGJ 1）中钢筋浆锚搭接连接采用的水泥基灌浆料性能指标确定。

4.2.8 用于预制混凝土构件承插式连接的水泥基灌浆料性能应满足表4.2.8的要求。

表4.2.8 预制混凝土构件承插式连接用水泥基灌浆料的性能指标

项　目		性能指标
最大集料粒径（mm）		≤4.75
流动性（mm）	初始	≥340
	30 min	≥310
抗压强度（MPa）	1d	≥20
	3d	≥40
	28d	≥60
竖向膨胀率（%）	3h	≥0.1
	24h与3h差值	0.02~0.5
氯离子含量（%）		≤0.1
泌水率（%）		0

条文说明

预制混凝土构件承插式连接的灌浆间隙一般大于5cm，灌浆料的性能指标参照现行《水泥基灌浆材料应用技术规范》（GB/T 50448）中预制钢筋混凝土柱柱脚灌浆料的要求确定。

4.2.9 预制节段接缝采用砂浆填充层时，应采用微膨胀水泥基砂浆，1d抗压强度应不小于30MPa，28d抗压强度应不小于60MPa，且应大于被连接构件抗压强度一个强度等级，28d竖向膨胀率应不大于0.1%。

4.2.10 当预制节段接缝采用环氧树脂胶时，其胶体的主要性能应符合表4.2.10的规定。

表4.2.10 环氧树脂胶主要性能要求

项　目			性能要求
物理性能	可施胶时间（min）		≥20
	可黏结时间（min）		≥60，且≤240
	在结构立面上无流挂现象的最大涂胶层厚度（mm）		≥3
	压缩弹性模量（MPa）	瞬时	≥8 000
		1h	≥6 000
	剪切弹性模量（MPa）	瞬时	≥1 500
		1h	≥1 200

续表 4.2.10

项　目			性能要求
力学性能	抗压强度 （低限温度条件下固化速度）	12h 抗压强度（MPa）	≥40
		24h 抗压强度（MPa）	≥60
		7d 抗压强度（MPa）	≥80
	7d 抗剪强度（低限温度条件）（MPa）		≥12
	钢-钢拉伸抗剪强度标准值（MPa）		≥15
	混凝土与混凝土的拉弯黏结强度（MPa）		断裂破坏发生在混凝土内部
化学性能	耐湿热老化性	50℃温度、95%相对湿度的环境条件下老化 90d 后，常温条件下钢-钢拉伸抗剪强度降低率（%）	≤10

注：1. 本条所列指标均为胶体在适用温度范围内的指标。
    2. 寒冷地区使用的环氧树脂胶，应满足耐冻融性能要求。

4.2.11　用于构件连接的活性粉末混凝土原材料和制备方法应符合现行《活性粉末混凝土》（GB/T 31387）的相应要求，其性能指标应符合本规范附录 B 的规定。

5 上部结构

5.1 一般规定

5.1.1 装配式混凝土桥梁的上部结构可采用横向分片或纵向分段方式预制，宜采用标准跨径布置。常用的截面类型、标准跨径可按表5.1.1采用。

表5.1.1 混凝土预制梁常用截面类型及标准跨径

拼装方式	截面类型	标准跨径（m）
横向分片拼装式	空心板	6、8、10、13、16、20
	π形梁	6、8、10、13、16、20、25
	I形梁	20、25、30、35、40
	箱形梁	20、25、30、35、40
	T形梁	13、16、20、25、30、35、40
纵向分段拼装式	箱形梁	30、35、40、45、50、55、60

5.1.2 混凝土桥面板可采用全厚度预制、部分厚度预制，部分厚度预制桥面板应采取有效措施保证新老混凝土有效结合并共同受力。

5.1.3 节段预制拼装混凝土箱梁节段间的接缝可采用胶接缝或湿接缝。

5.1.4 节段预制拼装混凝土箱梁的节段长度和重量应根据预制、吊装、运输等限制条件确定。当节段采用短线法预制时，箱梁构造应利于施工标准化。

5.2 构造规定

5.2.1 横向分片的装配式混凝土桥梁上部结构除应满足现行《公路钢筋混凝土及预应力混凝土桥涵设计规范》（JTG 3362）的规定外，尚应满足本节规定。

5.2.2 简支体系桥面纵向连续现浇层应在墩中心处设置切缝，桥面连续段现浇层与预制梁间可设置厚度不小于 2mm 的隔离层。桥面纵向连续传力钢筋在墩顶处的无黏结段长度宜不小于 1m，并应有防水措施。

5.2.3 先简支后结构连续体系的墩顶连续段内，预制梁应预留伸出梁端的纵向钢筋，预制梁端面应做成凸凹不小于 6mm 的粗糙面。

5.2.4 先简支后结构连续体系墩顶现浇横梁的纵向宽度，应满足钢筋连接的构造和施工要求，且不应小于 600mm；现浇混凝土强度等级不应低于预制梁混凝土强度等级，龄期差不宜超过 3 个月。

5.2.5 预制空心板间采用铰接时铰槽深度不宜小于预制板高的 2/3，板内应预埋铰缝横向钢筋，桥面现浇层厚度不宜小于 100mm。

5.2.6 预制桥面板与预制主梁之间应采用预留连接钢筋或焊钉连接件等构造有效结合。预制桥面板预留连接槽口的布置及尺寸应考虑传力和施工要求。

5.2.7 桥面板横向采用 U 形钢筋交错布置现浇混凝土湿接缝时，湿接缝混凝土的强度等级不应低于 C50 和桥面板混凝土的强度等级，湿接缝的宽度不应小于 300mm；U 形钢筋的交错间距不应大于 100mm，交错长度不应小于 240mm 和 3 倍 U 形钢筋圆弧段的弯曲半径；U 形钢筋交错所围的核心混凝土内应穿入不少于 4 根、直径不小于 12mm 的钢筋。

条文说明
　　U 形钢筋交错布置现浇混凝土接缝属于适合快速施工的窄缝构造，接缝混凝土需要较高的强度等级，否则将需要增大接缝宽度和钢筋交错长度，故本条规定接缝混凝土强度等级不低于 C50。

5.2.8 节段预制拼装箱梁的顶板、底板、悬臂端部厚度应满足预应力钢筋布置要求，且顶板的中部厚度不宜小于 220mm，悬臂端部和底板的中部厚度不宜小于 200mm。

条文说明
　　节段拼装箱梁通常为单室箱梁，顶板一般需要设置横向预应力钢筋，考虑预应力钢筋、普通钢筋布置及保护层要求，箱内顶板厚度不小于 220mm。箱内顶板厚度一般不小于 220mm，悬臂端一般不小于 200mm。底板厚度一般小于箱内顶板厚度，最小不小于 200mm。美国规范 *AASHTO LRFD Bridge Design Specification*（2012）5.14.2.3.10 条也有类似规定：使用横向预应力的桥面板在锚固区板厚不应小于 22.9cm，在非锚固区不应小于20.3cm。

5.2.9 节段预制拼装箱梁腹板厚度应符合下列规定：
1 腹板内无预应力钢筋时，腹板厚度不宜小于200mm。
2 腹板内布置体内纵向预应力钢筋时，腹板厚度不宜小于300mm。

5.2.10 节段预制拼装混凝土箱梁接缝应符合下列规定：
1 采用湿接缝调整线形时，接缝宽度宜为60~150mm，填充材料宜采用小石子混凝土，混凝土强度等级不应低于预制节段的混凝土强度等级。
2 采用胶接缝时，环氧树脂胶的涂抹厚度不宜超过3mm，且应均匀施加合力作用点位于截面形心的0.2~0.3MPa临时压应力。

5.2.11 节段预制拼装混凝土箱梁的接缝界面，应均匀设置剪力键，剪力键宜按图5.2.11-1采用顶板剪力键、底板剪力键、腹板剪力键和加腋区剪力键。复合剪力键的尺寸（图5.2.11-2）应符合下列规定：
1 腹板剪力键的布置范围不宜小于梁高的75%，剪力键横向宽度宜为腹板宽度的75%。
2 剪力键应采用梯形或圆角梯形截面；剪力键的高度应大于混凝土最大集料粒径的2倍，不应小于35mm；剪力键的高度与其平均宽度比宜取为1:2。

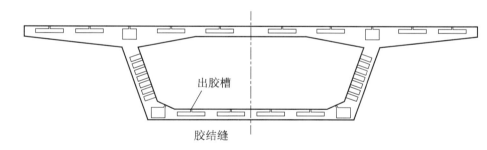

图5.2.11-1 复合剪力键布置示意

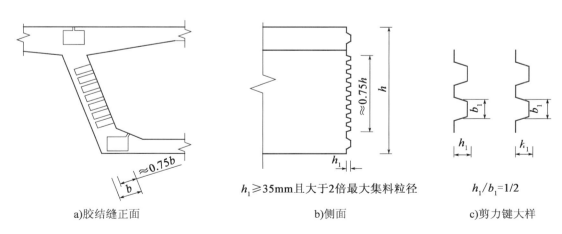

图5.2.11-2 复合剪力键尺寸示意

条文说明

拼接缝设置均匀匹配剪力键的作用主要包括：承受与传递接缝截面的剪力；节段拼装时的对接定位；增加接缝的黏结界面。

5.2.12 节段预制拼装混凝土箱梁预应力转向块的厚度应根据转向块类型和受力综合考虑，不宜小于500mm，其构造应符合现行《公路钢筋混凝土及预应力混凝土桥涵设计规范》（JTG 3362）的有关规定。

5.2.13 节段预制拼装混凝土箱梁体外预应力钢筋应锚固在锚固横梁或锚固齿块上，锚固齿块和锚固横梁的构造应符合现行《公路钢筋混凝土及预应力混凝土桥涵设计规范》（JTG 3362）的有关规定。

5.2.14 正弯矩区的预制节段接缝两侧顶板与腹板结合区内应设置固定于腹板的封闭箍筋（图5.2.14-1），负弯矩区的预制节段接缝两侧底板与腹板结合区内应设置固定于腹板的封闭箍筋（图5.2.14-2）。封闭箍筋不应少于3层，直径不应小于12mm。

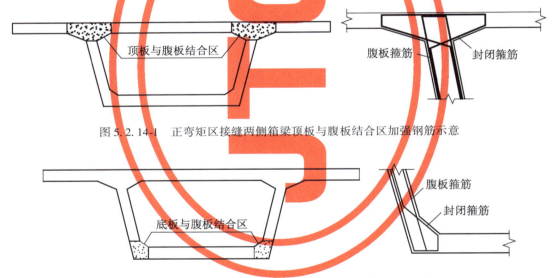

图5.2.14-1 正弯矩区接缝两侧箱梁顶板与腹板结合区加强钢筋示意

图5.2.14-2 负弯矩区接缝两侧箱梁底板与腹板结合区加强钢筋示意

条文说明

顶板与底板主要承担轴向力，剪力主要由腹板与顶板、底板的结合区承担。设置加强钢筋是为防止接缝开展后受压区混凝土压溃而失去剪力传递能力。

5.2.15 预制节段端部应配置直径不小于10mm的钢筋网或将腹板两侧的纵向钢筋连续弯折形成网格。

5.2.16 预制梁应通过设置顶板横坡或底面楔形块等方式适应不同桥面横坡要求。

5.3 计算规定

5.3.1 横向分片预制混凝土梁和节段预制拼装混凝土受弯构件非接缝区段的计算，应符合现行《公路钢筋混凝土及预应力混凝土桥涵设计规范》(JTG 3362)的规定。

5.3.2 节段预制拼装混凝土受弯构件进行承载能力极限状态计算、正常使用极限状态计算以及构件应力计算时，均应计入接缝对受力性能的影响。

5.3.3 节段预制拼装混凝土受弯构件作用效应分析和截面承载力计算时，截面受压翼板有效宽度均应按现行《公路钢筋混凝土及预应力混凝土桥涵设计规范》(JTG 3362)的有关规定取用。

5.3.4 节段预制拼装混凝土构件接缝位置的正截面应采用下列基本假定：
1 构件受力弯曲后截面保持平面。
2 截面承载力计算时，不计截面受拉区混凝土的抗拉强度。
3 截面承载力计算时，跨接缝的体内纵向钢筋仍与混凝土维持初始的黏结状态。

5.3.5 节段预制拼装混凝土构件接缝位置正截面承载力计算时，受压区混凝土的应力分布图形应采用等效矩形，其高度与实际受压区高度之比 β 应按现行《公路钢筋混凝土及预应力混凝土桥涵设计规范》(JTG 3362)取用。

5.3.6 上部结构节段预制拼装混凝土受压构件的计算，应符合本规范第6.3节~第6.6节的规定。

5.4 持久状况承载能力极限状态计算

5.4.1 节段预制拼装混凝土受弯构件应进行接缝位置正截面抗弯承载力、斜截面抗剪承载力及接缝截面抗剪弯承载力等计算。

条文说明

试验和理论研究表明，受弯构件的接缝对截面承载力存在不可忽略的不利影响，因此计算要计入该影响。

5.4.2 受弯构件接缝位置正截面相对界限受压区高度 ξ_b 的取值，应符合现行《公路钢筋混凝土及预应力混凝土桥涵设计规范》(JTG 3362)的规定。

条文说明

受弯构件接缝截面的相对界限受压区高度与无接缝段截面一致。

5.4.3 受弯构件接缝位置正截面抗弯承载力应满足式（5.4.3）的要求：

$$\gamma_0 M_d \leq \phi_f M_{ud} \tag{5.4.3}$$

式中：γ_0——结构重要性系数，按现行《公路桥涵设计通用规范》（JTG D60）的规定取用；

M_d——截面弯矩设计值（N·mm）；

ϕ_f——接缝对抗弯承载力的折减系数，取 0.95；

M_{ud}——受弯构件的截面抗弯承载力设计值（N·mm），按现行《公路钢筋混凝土及预应力混凝土桥涵设计规范》（JTG 3362）的相关规定计算。计算时，仅计入跨接缝的纵向钢筋，体外预应力钢筋的应力设计值和合力点至截面受压边缘的距离，宜分别按本规范第 5.4.4 条和第 5.4.5 条的规定取用。

条文说明

根据试验得到的受弯构件接缝截面弯曲破坏形态，以破坏时的截面受力状态建立平衡方程，导出承载力计算公式。同济大学及国外的试验结果表明，受弯构件的正截面破坏发生在接缝截面，破坏裂缝集中在接缝处，加之节段端面部位的混凝土强度通常低于其他部位，从而导致受压区混凝土更早压溃，使接缝截面的承载力和延性受到影响。因此，根据对比试验的统计结果，环氧胶接缝和现浇混凝土接缝对抗弯承载力的折减系数取 $\phi_f = 0.95$。

5.4.4 受弯构件截面抗弯承载力计算时，体外预应力钢筋的极限应力设计值宜按式（5.4.4-1）~式（5.4.4-4）计算：

$$\sigma_{pd,e} = \sigma_{pe,e} + k_{sc} \Delta\sigma_{pu,e} \frac{L_1}{L_2} \tag{5.4.4-1}$$

$$\sigma_{pe,e} \leq \sigma_{pd,e} \leq 0.9 f_{pd,e} \tag{5.4.4-2}$$

$$\Delta\sigma_{pu,e} = (80\omega + 85)\left(2.25 - 22\frac{h_{p,e}}{L}\right) \tag{5.4.4-3}$$

$$\omega = \frac{f_{sd}A_s + f_{pd,i}A_{p,i}}{f_{sd}A_s + f_{pd,i}A_{p,i} + \sigma_{pe,e}A_{p,e}} \tag{5.4.4-4}$$

式中：$\sigma_{pd,e}$——体外预应力钢筋的极限应力设计值（MPa）；

$\sigma_{pe,e}$——体外预应力钢筋的永存应力（MPa）；

k_{sc}——体外预应力钢筋极限应力增量的修正系数：当计算简支受弯构件时取 1.0，当计算连续受弯构件时取 0.92；

$\Delta\sigma_{pu,e}$——体外预应力钢筋的极限应力增量（MPa）；
L_1——体外预应力钢筋在构件跨内的长度（mm）；
L_2——体外预应力钢筋锚具之间的长度（mm）；
$f_{pd,e}$——体外预应力钢筋的抗拉强度设计值（MPa）；
ω——构件受拉区纵向连续普通钢筋和体内预应力钢筋占受拉区全部纵向连续普通钢筋和预应力钢筋的等效配置比；
$h_{p,e}$——体外预应力钢筋合力点至截面受压区边缘的初始距离（mm），应按本规范第5.4.6条的规定计入合力偏移量；
L——构件的计算跨径（mm）；
f_{sd}——普通钢筋的抗拉强度设计值（MPa）；
A_s——截面受拉区纵向连续普通钢筋的截面面积（mm²）；
$f_{pd,i}$——体内预应力钢筋的抗拉强度设计值（MPa）；
$A_{p,i}$——截面受拉区体内预应力钢筋的截面面积（mm²）；
$A_{p,e}$——体外预应力钢筋的截面面积（mm²）。

条文说明

受弯构件破坏时体外预应力钢筋的极限应力一般低于钢筋材料（钢绞线、钢丝）的名义屈服强度，基本处于线弹性受力阶段。体外预应力钢筋极限应力设计值，需计入纵向普通钢筋是否跨越接缝的影响，采用同济大学混凝土桥梁研究室的系列试验成果和经过验证的结构全过程非线性数值分析结果进行回归分析，并按下包线给出本规范的简化公式。试验和配合进行的非线性数值模拟分析中均偏安全地考虑体外预应力钢筋在转向器的孔道内可以滑动；极限应力设计值还对试验加载方式与实际桥梁设计荷载作用方式之间的差异进行了修正，并且还考虑在构件达到极限受力状态时体外预应力钢筋应力与同时配置的体内预应力钢筋应力之间的量值协调。设计计算时，每根体外预应力钢筋沿其长度方向的极限应力取相同值。

5.4.5 体外预应力钢筋合力点至截面受压区边缘的极限距离宜按式（5.4.5）计算：

$$h_{pu,e} = \eta_s h_{p,e} \tag{5.4.5}$$

式中：$h_{pu,e}$——体外预应力钢筋合力点至截面受压区边缘的极限距离（mm）；
η_s——体外预应力二次效应的修正系数；当计算简支受弯构件时取0.9；当计算连续受弯构件时取0.95；当计算截面处设置转向或定位构造且体外预应力钢筋穿过该构造时取1.0。

条文说明

体外预应力钢筋除在锚固点和有定位构造的地方，都可能与构件发生横向相对位置变化。体外预应力二次效应是指体外预应力钢筋与构件相对位置变化而引起的相关效应。基于同济大学的试验资料和结构全过程非线性数值模拟结果的回归分析，采用体外预应力钢筋至截面受压区边缘距离改变的方式计入体外预应力的二次效应。体外预应力钢筋至截面受压区边缘的极限距离，为钢筋至截面受压区边缘的初始距离与其偏心距的改变量之差。计算公式是由构件跨中截面处的数据回归分析得到的。

5.4.6 体外预应力钢筋合力点至截面受压边缘的初始距离，应计入钢筋受拉后合力往转向器曲线孔道圆心方向偏移的影响，钢筋合力偏移量可按表 5.4.6 取值。

表 5.4.6 体外预应力钢筋合力偏移量

转向器和钢筋种类	合力偏移量（mm）
集束式转向器穿光面钢绞线束	$0.45R_d$
集束式转向器穿无黏结钢绞线束	$0.4R_d$
集束式转向器穿钢绞线成品索	$R_d - r_c$
散束式转向器穿无黏结钢绞线束	0
不设置转向器的各类钢束	0

注：R_d 为转向器孔道的半径（mm）；r_c 为成品索截面的外半径（mm）。

条文说明

因体外预应力钢筋转向器孔道的截面面积大于钢筋的截面面积，钢筋受拉作用后会在转向器的曲线孔道内朝圆心方向偏移集中，故需要对预应力钢筋的合力作用点至截面受压边缘的初始距离进行修正。

5.4.7 纵向分段受弯构件截面抗剪承载力上限值应满足式（5.4.7-1）的要求：

$$\gamma_0 V_d \leq \overline{V}_{ud} \quad (5.4.7-1)$$

$$\overline{V}_{ud} = 0.23 \alpha_s \phi_s f_{cd} b_e h_e + V_{pe} \quad (5.4.7-2)$$

$$\alpha_s = \left(\frac{b_t}{h_w}\right)^{0.14} \quad (5.4.7-3)$$

$$V_{pe} = 0.95(\sigma_{pe,i} A_{pb,i} \sin\theta_i + \sigma_{pe,e} A_{pb,e} \sin\theta_e) \quad (5.4.7-4)$$

式中： V_d——剪力设计值（N）；

$\overline{V}_{ud}$——截面抗剪承载力上限值（N）；

α_s——截面形状影响系数，按式（5.4.7-3）计算，当 $b_t/h_w \geq 1.0$ 时取 $b_t/h_w = 1.0$，当 $b_t/h_w < 0.1$ 时取 $b_t/h_w = 0.1$；

ϕ_s——接缝对截面抗剪承载力上限值的折减系数；当无纵向连续普通钢筋且构

件腹部无跨接缝体内预应力钢筋时取 0.85；当有纵向连续普通钢筋或构件腹部有跨接缝体内预应力钢筋时取 0.90；当无接缝时取 1.0；

f_{cd}——混凝土的轴心抗压强度设计值（MPa），接缝位置取接缝两侧强度较低值；

b_e——矩形截面的有效宽度、带翼板截面的肋板或腹板沿厚度方向的有效宽度（mm），取扣除 1/2 后张预应力孔道直径后高度 h_w 内的最小宽度；

h_e——减去受拉侧纵向普通钢筋保护层厚度的截面抗剪有效高度（mm）；

V_{pe}——弯起预应力钢筋的永存预加力在与构件轴线垂直方向的分力（N）；

b_t——矩形截面的宽度、带翼板截面的肋板或腹板沿厚度方向的宽度（mm）；

h_w——矩形截面的高度、带翼板截面扣除上下翼板厚度的肋板净高度或扣除顶底板厚度的腹板净高度（mm），当肋板或腹板倾斜时取斜向尺寸；

$\sigma_{pe,i}$——体内预应力钢筋的永存应力（MPa）；

$A_{pb,i}$、$A_{pb,e}$——体内、体外弯起预应力钢筋的截面面积（mm²）；

θ_i、θ_e——体内、体外弯起预应力钢筋的合力与构件轴线的夹角（°）。

条文说明

受弯构件在各种受力状态下的截面抗剪承载力设计值均要受到其抗剪承载力上限值的控制，否则抗剪钢筋的强度不能充分发挥，截面抗剪承载力无法达到其设计值。当构件截面抗剪承载力上限值小于截面抗剪承载力设计值时，需要通过调整截面尺寸或优化钢筋配置等方式加以避免。

为了更合理地确定受弯构件抗剪承载力上限值，同济大学收集了国内外大量受弯构件抗剪试验资料，提取了其中 357 个发生斜压破坏试件的试验数据，并以我国《公路钢筋混凝土及预应力混凝土桥涵设计规范》（JTG 3362—2018）和国外两个主要混凝土桥梁设计规范为对象，分析了上述 3 个规范公式的计算值与该 357 个试件试验数据之间的关系。在将 3 个规范公式中的混凝土强度等参数统一成定义完全相同的代表值后，《公路钢筋混凝土及预应力混凝土桥涵设计规范》（JTG 3362—2018）的计算值与试验数据比值的平均值、标准差及变异系数均远大于两个国外规范，表明其与试验数据吻合较差、不能较好反映试验规律。为此，同济大学进一步对上述 3 个规范公式的混凝土强度表达形式、抗剪截面尺寸、腹板高厚比、剪跨比等参数与试验数据进行对比，分析提出一种与试验规律符合最好的公式表达形式，并以该公式表达形式对试验数据进行了拟合。在拟合公式达到包络 95% 试验数据的基础上，对其除以材料分项系数和乘以受力模式不确定系数，最终得到了本规范的计算公式。为了验证该公式是否适合我国常用混凝土桥梁截面的形式和配筋情况，同济大学针对实际工程中采用的空心板梁、T 形梁、小箱梁及等高度和变高度大箱梁，分别按其典型的截面尺寸和配筋情况设计了 26 个试件进行了试验验证。结果表明，计算公式能够包络该 26 个试件的所有试验数据。

有关接缝对抗剪承载力上限值影响的问题，目前还没有明确的研究成果，本规范认为接缝对抗剪承载力上限值有不利影响，接缝对抗剪承载力上限值的折减系数近似取国外规范的剪切强度折减系数。

此外，同济大学验证试验表明，当有预应力钢筋跨过破坏裂缝时，预应力钢筋的拉力对抗剪承载力上限值有提高作用。因此，本规范计入了预应力钢筋拉力在截面破坏时对承载力的贡献，同时也考虑预应力孔道对抗剪截面宽度的削弱影响。注意到斜压破坏属于脆性破坏，破坏时预应力钢筋拉力的增量很小，故计算时偏安全地采用永存预加力。

5.4.8 纵向分段受弯构件接缝位置斜截面抗剪承载力（图5.4.8）应满足式（5.4.8-1）的要求：

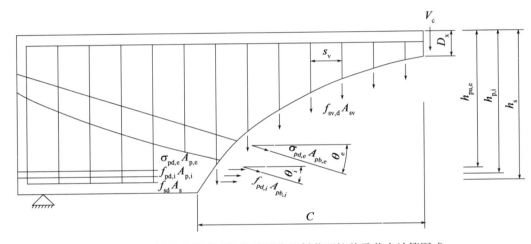

图5.4.8　纵向分段受弯构件接缝位置斜截面抗剪承载力计算图式

$h_{p,i}$-截面受拉区或受拉侧体内预应力钢筋合力点至截面受压边缘的距离（mm）；h_s-截面受拉区纵向连续普通钢筋合力点至截面受压边缘的距离（mm）

$$\gamma_0 V_d \leqslant 0.35\alpha_1 \lambda \phi (0.11 + P)\frac{\sqrt{f_{cu,k}}}{m} b_t h_e +$$

$$0.45\frac{C}{s_v} f_{sv,d} A_{sv} + V_{pb,d} \qquad (5.4.8\text{-}1)$$

$$\phi = \frac{bh_e + 2h_f'^2}{bh_e} \qquad (5.4.8\text{-}2)$$

$$P = 100\frac{A_s + A_{p,i} + A_{pb,i} + A_{p,e} + A_{pb,e}}{bh_e} \qquad (5.4.8\text{-}3)$$

$$m = \frac{M_d}{h_e V_d} \qquad (5.4.8\text{-}4)$$

$$V_{pb,d} = 0.95(0.8 f_{pd,i} A_{pb,i} \sin\theta_i + \sigma_{pd,e} A_{pb,e} \sin\theta_e) \qquad (5.4.8\text{-}5)$$

式中：V_d——斜截面剪压端的剪力设计值（N）；

α_1——异号弯矩影响系数：当计算截面在简支和连续受弯构件的近边支点区段时

取 1.0；当计算截面在连续等受弯构件的近中支点区段时取 0.9；

λ——预应力配筋形式的影响系数：当采用全体外配筋时取 1.0；当采用全体内配筋或体内与体外混合配筋时取 1.1；

ϕ——受压翼板影响系数，当为矩形截面时式（5.4.8-2）取 $h'_f = 0$；

P——截面受拉区纵向连续普通钢筋和预应力钢筋的配筋率，当 $P > 2.5$ 时取 2.5；

$f_{cu,k}$——边长为 150mm 的混凝土立方体抗压强度标准值（MPa），当剪压区位于接缝时，取接缝两侧强度较低者；

m——剪跨比，当 $m < 1.5$ 时取 1.5；

b_t——剪压区对应正截面处，矩形截面的宽度、带翼板截面的肋板或腹板沿厚度方向的宽度（mm）；

C——斜截面的水平投影长度（mm），取一个节段长度和 $C = 0.6mh_e$ 的较小者，当 $m > 3.0$ 时取 3.0；

s_v——斜截面范围内的箍筋间距（mm）；

$f_{sv,d}$——箍筋的抗拉强度设计值（MPa）；

A_{sv}——斜截面范围内配置在同一截面的箍筋各肢截面面积之和（mm²）；

$V_{pb,d}$——弯起预应力钢筋拉力设计值在与构件轴线垂直方向的分力（N）；

b——矩形截面的宽度、带翼板截面的肋板或腹板垂直于构件弯曲平面的宽度（mm）；

h'_f——截面受压区翼板有效宽度内的平均厚度（mm）；

M_d——与 V_d 工况对应的弯矩设计值（N·mm）；

$\sigma_{pd,e}$——受弯构件抗剪承载力计算时体外预应力钢筋的极限应力设计值（MPa），此处取 $\sigma_{pe,e}$。

条文说明

预制拼装受弯构件达到弯剪极限受力状态时可能出现斜向破坏裂缝，这种破坏形态虽与整体浇筑的受弯构件相似，但其斜裂缝角度和截面承载力与接缝构造、截面尺寸及加载方式等因素有较大关系，如：导致斜截面破坏的荷载与接缝的相对位置、接缝处普通钢筋连续情况、腹板或肋板的厚度以及预应力钢筋配比变化等因素。本规定口的公式是采用同济大学混凝土桥梁研究室的系列验证试验成果和经过验证的结构全过程非线性数值分析结果回归分析后得到的。根据试验和理论分析结果，公式以斜截面剪切破坏脱离体建立平衡方程，体内钢筋达到相应的抗拉强度设计值、体外预应力钢筋达到极限应力设计值参与截面受力平衡。其中：混凝土的抗剪贡献偏安全地按试验和理论数据的 97.5% 保证率取值；箍筋的抗剪贡献受接缝与荷载相对位置的影响较大，在现行标准采用的受力不均匀系数基础上，按试验数据统计再乘以折减系数 0.6；体内钢筋的抗剪贡献按设计要求的保证率取值；体外预应力钢筋的极限应力受剪切试验模型长度的影响较大，而体外预应力的二次效应在构件弯剪段通常使受力更为有利，故偏安全地将钢筋的极限应力设计值取为永存预应力并不考虑二次效应的影响。试验和理论计算表明，构件的破坏斜裂缝与接缝及荷载的相对位置关系密切，破坏斜裂缝不跨接缝，即破坏斜裂缝的水平投影长度不超出一个节段的长度，故公式采用按一个节段长度和 $C=0.6mh_e$ 中的较小者计算。

5.4.9 剪压区为矩形的纵向分段受弯构件接缝截面抗剪弯承载力计算（图5.4.9）应符合下列规定：

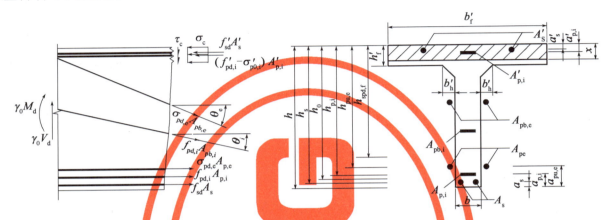

图5.4.9 剪压区为矩形的纵向分段受弯构件接缝截面抗剪弯承载力计算图式

1 当剪弯比符合式（5.4.9-1）和式（5.4.9-2）条件之一时，可不进行抗剪弯承载力计算：

$$\frac{V_d}{M_d} \leq \frac{V_{pd}}{\phi_f N_{spd,f}\left(h_{spd,f} - \frac{x_{min}}{2}\right)} \quad (5.4.9\text{-}1)$$

$$\frac{V_d}{M_d} \geq \frac{0.17\phi_j f_{cd} b'_{f,s} h_e + V_{pd}}{\phi_f N_{spd,f}\left(h_{spd,f} - \frac{h_e}{2}\right)} \quad (5.4.9\text{-}2)$$

2 当剪弯比同时不符合式（5.4.9-1）和式（5.4.9-2）的条件时，抗剪弯承载力应满足式（5.4.9-3）和式（5.4.9-4）的要求：

$$\gamma_0 V_d \leq 0.95\tau_c b'_{f,s} x + V_{pd} \quad (5.4.9\text{-}3)$$

$$\gamma_0 M_d \leq \phi_f\left[\sigma_c b'_f x\left(h_0 - \frac{x}{2}\right) - N_{spd,f}(h_0 - h_{spd,f})\right] \quad (5.4.9\text{-}4)$$

其中 τ_c、σ_c、x 应按式（5.4.9-5）~式（5.4.9-7）计算：

$$N_{spd,f} = \sigma_c b'_f x \quad (5.4.9\text{-}5)$$

$$\frac{\tau_c}{f_{cd}} = \phi_j \sqrt{0.009 + 0.095\frac{\sigma_c}{f_{cd}} - 0.104\left(\frac{\sigma_c}{f_{cd}}\right)^2} \quad (5.4.9\text{-}6)$$

$$\frac{V_d}{M_d} = \frac{0.95\tau_c b'_{f,s} x + V_{pd}}{\phi_f\left[\sigma_c b'_f x\left(h_0 - \frac{x}{2}\right) - N_{spd,f}(h_0 - h_{spd,f})\right]} \quad (5.4.9\text{-}7)$$

$$V_{pd} = 0.95 \left(0.8 f_{pd,i} A_{pb,i} \sin\theta_i + \sigma_{pd,e} A_{pb,e} \sin\theta_e\right) \tag{5.4.9-8}$$

$$N_{spd,f} = f_{sd} A_s + f_{pd,i} \left(A_{p,i} + 0.8 A_{pb,i} \cos\theta_i\right) + \sigma_{pd,e} \left(A_{p,e} + A_{pb,e} \cos\theta_e\right) - f'_{sd} A'_s - \left(f'_{pd,i} - \sigma'_{p0,i}\right) A'_{p,i} \tag{5.4.9-9}$$

$$x_{\min} = \frac{N_{spd,f}}{f_{cd} b'_f} \tag{5.4.9-10}$$

$$b'_{f,s} = b + 2 b'_h \tag{5.4.9-11}$$

$$\sigma'_{p0,i} = \sigma'_{pe,i} + \alpha_{EP} \sigma'_{pc} \tag{5.4.9-12}$$

式中：M_d——与 V_d 工况对应的弯矩设计值（N·mm）；

V_{pd}——弯起预应力钢筋拉力设计值在接缝截面切向的分力（N）；

$N_{spd,f}$——受弯构件纵向连续普通钢筋和预应力钢筋的合力设计值在接缝截面法向的分力（N）；

$h_{spd,f}$——$N_{spd,f}$ 的作用点至截面受压边缘的距离（mm）；

$x_{\min}$——矩形截面剪压区的最小高度（mm）；

ϕ_j——接缝对混凝土抗剪强度的折减系数：当为设剪力键的环氧胶接缝时取 0.85；当为不设剪力键的环氧胶接缝或设剪力键的现浇混凝土接缝时取 0.7；当界面粗糙化处理后现浇混凝土或填充砂浆时取 0.6；当界面不粗糙化处理现浇混凝土或填充砂浆时取 0.3；

$b'_{f,s}$——矩形截面的宽度或带翼板截面受压翼板的抗剪有效宽度（mm）；

τ_c——剪压区混凝土的剪应力设计值（MPa）；

x——受弯构件接缝截面剪压区的高度（mm），当 $x > h_e$ 时取 h_e；

σ_c——剪压区混凝土的压应力设计值（MPa）；

b'_f——矩形截面的宽度或带翼形截面受压翼板的有效宽度（mm）；

h_0——截面受拉区纵向连续普通钢筋和体内预应力钢筋的合力点至受压边缘的距离（mm），当无跨接缝体内钢筋时取 $h_{pu,e}$；

θ_i、θ_e——体内、体外弯起预应力钢筋的合力与接缝截面法向的夹角（rad）；

f'_{sd}——普通钢筋的抗压强度设计值（MPa）；

A'_s——截面受压区纵向连续普通钢筋的截面面积（mm²）；

$f'_{pd,i}$——体内预应力钢筋的抗压强度设计值（MPa）；

$\sigma'_{p0,i}$——截面受压区体内预应力钢筋合力点处混凝土正应力等于零时体内预应力钢筋的应力（MPa）；

$A'_{p,i}$——截面受压区体内预应力钢筋的截面面积（mm²）；

b'_h——受压翼板承托或加腋的宽度（mm）；当该宽度小于翼板根部厚度 2 倍时，或当受压翼板不设承托或加腋时，取翼板根部厚度的 2 倍；

$\sigma'_{pe,i}$——截面受压区体内预应力钢筋的永存应力（MPa）；

α_{EP}——体内预应力钢筋弹性模量与混凝土弹性模量之比；

σ'_{pc}——全部预应力钢筋在截面受压区体内预应力钢筋合力点产生的预压应力（MPa）。

条文说明

预制拼装受弯构件到达剪弯极限受力状态时，也可能出现沿着接缝的破坏裂缝，但其与整体浇筑构件的破坏形态完全不同。这种在弯剪段出现的破坏形态虽与受弯构件正截面破坏形态相似，但截面相应的抗弯承载力却低于受弯构件正截面抗弯承载力。目前，国外规范通常采用一个剪切强度折减系数考虑接缝对抗剪承载力的影响，这样导致了即使箍筋没有起任何作用但计算时仍被计入了。同济大学混凝土桥梁研究室及国内外大量试验结果表明，在剪力和弯矩共同作用下，由于接缝处纵向普通钢筋不连续及拼接界面缺陷，构件在接缝消压后将会最先开裂，主裂缝在接缝处集中发展，接缝一旦开展到一定高度后，腹板不再可能出现破坏斜裂缝。因此，受弯构件可能以接缝开展的形式发生剪切（剪弯）破坏，在这种情况下剪弯区的混凝土将在剪压应力作用下达到其极限强度，传统设计方法已无法对该破坏形态下的截面承载力进行计算。根据试验结果，考虑接缝对混凝土抗剪强度的折减、混凝土剪-压复合强度准则及假定条件，采用条文中的计算图式进行接缝截面承载力计算方程的推导，经试验验证后再按要求的设计可靠度提出了式（5.4.9-3）~式（5.4.9-7）。这些公式忽略了剪压区体内配筋截面的直接抗剪作用，偏安全地将体外预应力钢筋的极限应力设计值取为其永存预应力并不考虑二次效应。

为了让计算公式的使用符合假定条件，避免对不发生相应破坏形态的截面进行计算，公式前面给出了适合公式计算的剪弯比条件。

5.4.10 剪压区为 T 形的纵向分段受弯构件接缝截面抗剪弯承载力计算（图 5.4.10）应符合下列规定：

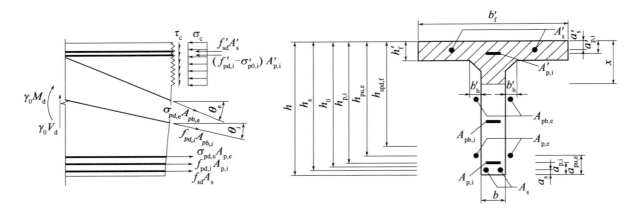

图 5.4.10 剪压区为 T 形的纵向分段受弯构件接缝截面抗剪弯承载力计算图式

1 当剪弯比符合式（5.4.10-1）和式（5.4.10-2）条件之一时，可不进行抗剪弯承载力计算：

$$\frac{V_\mathrm{d}}{M_\mathrm{d}} \leqslant \frac{V_\mathrm{pd}}{\phi_\mathrm{f} N_\mathrm{spd,f}(h_\mathrm{spd,f}-a_\mathrm{min})} \tag{5.4.10-1}$$

$$\frac{V_{\mathrm{d}}}{M_{\mathrm{d}}} \geqslant \frac{0.17\phi_{\mathrm{j}}f_{\mathrm{cd}}[bh_{\mathrm{e}} + (b'_{\mathrm{f,s}} - b)h'_{\mathrm{f}}] + V_{\mathrm{pd}}}{\phi_{\mathrm{f}}N_{\mathrm{spd,f}}\left(h_{\mathrm{spd,f}} - \dfrac{h_{\mathrm{e}}}{2}\right)} \quad (5.4.10\text{-}2)$$

2 当剪弯比同时不符合式（5.4.10-1）和式（5.4.10-2）的条件时，抗剪弯承载力应满足式（5.4.10-3）和式（5.4.10-4）的要求：

$$\gamma_0 V_{\mathrm{d}} \leqslant 0.95\tau_{\mathrm{c}}[bx + (b'_{\mathrm{f,s}} - b)h'_{\mathrm{f}}] + V_{\mathrm{pd}} \quad (5.4.10\text{-}3)$$

$$\gamma_0 M_{\mathrm{d}} \leqslant \phi_{\mathrm{f}}\left\{\sigma_{\mathrm{c}}\left[bx\left(h_0 - \frac{x}{2}\right) + (b'_{\mathrm{f}} - b)h'_{\mathrm{f}}\left(h_0 - \frac{h'_{\mathrm{f}}}{2}\right)\right] - N_{\mathrm{spd,f}}(h_0 - h_{\mathrm{spd,f}})\right\}$$

$$(5.4.10\text{-}4)$$

其中 τ_{c}、σ_{c}、x 应按式（5.4.10-5）、式（5.4.10-6）及式（5.4.9-6）计算：

$$N_{\mathrm{spd,f}} = \sigma_{\mathrm{c}}[bx + (b'_{\mathrm{f}} - b)h'_{\mathrm{f}}] \quad (5.4.10\text{-}5)$$

$$\frac{V_{\mathrm{d}}}{M_{\mathrm{d}}} = \frac{0.95\tau_{\mathrm{c}}[bx + (b'_{\mathrm{f,s}} - b)h'_{\mathrm{f}}] + V_{\mathrm{pd}}}{\phi_{\mathrm{f}}\left\{\sigma_{\mathrm{c}}\left[bx\left(h_0 - \dfrac{x}{2}\right) + (b'_{\mathrm{f}} - b)h'_{\mathrm{f}}\left(h_0 - \dfrac{h'_{\mathrm{f}}}{2}\right)\right] - N_{\mathrm{spd,f}}(h_0 - h_{\mathrm{spd,f}})\right\}}$$

$$(5.4.10\text{-}6)$$

$$a_{\min} = \frac{N_{\mathrm{spd,f}}}{2bf_{\mathrm{cd}}} + h'_{\mathrm{f}}\frac{b'_{\mathrm{f}} - b}{b}\left(\frac{b'_{\mathrm{f}}h'_{\mathrm{f}}f_{\mathrm{cd}}}{2N_{\mathrm{spd,f}}} - 1\right) \quad (5.4.10\text{-}7)$$

式中：$a_{\min}$——T 形截面剪压区高度最小时压力合力作用点至截面受压边缘的距离（mm）。

5.4.11 体外预应力钢筋的转向块采用拉压杆模型计算时（图 5.4.11），内环钢筋的抗拉承载力应满足式（5.4.11）的要求：

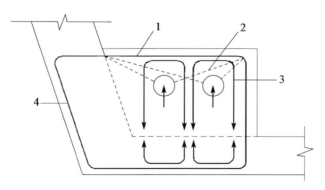

图 5.4.11 转向块的拉压杆模型
1-拉杆；2-压杆；3-内环钢筋；4-外封闭箍筋

$$\gamma_0 T_{\mathrm{d}} \leqslant f_{\mathrm{sr,d}}A_{\mathrm{sr}} \quad (5.4.11)$$

式中：T_{d}——竖向拉力的设计值（N）；

$f_{\mathrm{sr,d}}$——内环钢筋的抗拉强度设计值（MPa），取普通钢筋抗拉强度设计值 f_{sd} 的 0.6 倍；

A_{sr}——内环钢筋的截面面积（mm^2）。

条文说明

荷载试验结果表明，转向块有三种受力机理：由体外预应力钢筋竖向转向力引起的上拔作用，上拔作用在转向器上方混凝土中产生的弯曲作用，以及由体外预应力钢筋横向转向力在转向器下方混凝土可能开裂面上形成的剪切作用。

转向块上拔抗拉承载力计算，根据转向块传力规律构建拉压杆模型，其中拉杆按轴心受拉构件计算其对应钢筋的抗拉承载力并考虑转向块裂缝控制的要求。

由于体外预应力钢筋的极限应力是可以控制的，转向块的受力总体上比较明确，建立拉压杆模型也比较简单，故重点是在构造上确保受拉钢筋能够发挥设计要求的强度，并通过减小受拉钢筋的抗拉强度设计值达到控制混凝土裂缝宽度、提高上拔抗拉承载力的目的。

5.4.12 体外预应力钢筋转向块的可能开裂面应作为剪切滑移的界面进行抗剪承载力计算，并符合下列规定：

1 基本公式：

$$\gamma_0 V_d \leq 0.65(cA_{cv} + \mu f_{sv,k} A_{sv}) \quad (5.4.12\text{-}1)$$

2 穿过开裂面钢筋计算取值条件：

$$A_{sv} \leq \frac{0.25 f_{ck} - c}{\mu f_{sv,k}} A_{cv} \quad (5.4.12\text{-}2)$$

$$A_{sv} \leq \frac{K - c}{\mu f_{sv,k}} A_{cv} \quad (5.4.12\text{-}3)$$

式中：V_d——可能开裂面的剪力设计值（N）；

c——混凝土界面的黏结强度（MPa），转向块混凝土与梁体一起浇筑、界面粗糙处理二次浇筑，分别取 2.8MPa、1.7MPa；

A_{cv}——可能剪切开裂面的截面面积（mm^2）；

μ——混凝土界面的摩擦系数，转向块混凝土与梁体一起浇筑、界面粗糙处理二次浇筑，分别取 1.4、1.0；

$f_{sv,k}$——穿过可能剪切开裂面钢筋的抗拉强度标准值（MPa），当大于 400MPa 时取 400MPa；

A_{sv}——穿过可能剪切开裂面钢筋的计算截面面积（mm^2）：当实际采用的截面面积超过式（5.4.12-2）和式（5.4.12-3）限值时，则按该限值代入式（5.4.12-1）计算；

f_{ck}——混凝土的抗压强度标准值（MPa）；

K——混凝土界面的极限剪切强度（MPa），转向块混凝土与梁体一起浇筑、界面粗糙处理二次浇筑，均取 10.3MPa。

条文说明

本规定将转向块可能开裂面作为剪切滑移的界面进行抗剪承载力计算。公式中的黏结强度、摩擦系数及混凝土界面的极限剪切强度，参考了国外规范取值，并按我国混凝土和钢筋的材料分项系数进行了修正。式（5.4.12-2）和式（5.4.12-3）是穿过开裂面钢筋计算取值的限制条件，以防止错误地采用多配置穿过开裂面的钢筋而不加大转向块尺寸的方式来提高计算承载力。上述公式适用于混凝土强度等级不小于C50的构件。

为确保采用两次浇筑混凝土界面的结合性能，截面需进行粗糙处理，故本规定未给出界面不进行粗糙处理二次浇筑的摩阻系数。

5.4.13 当构件采用U形钢筋交错布置现浇混凝土接缝时（图5.4.13），在应满足接缝截面承载力计算要求的同时，还应符合下列规定：

图5.4.13 U形钢筋交错布置现浇混凝土接缝计算参数示意

s-相邻交错U形钢筋的轴线间距；l-相邻U形钢筋的交错搭接长度；b-现浇接缝的宽度；D-U形钢筋双肢轴线的间距

1 U形钢筋屈服条件：

$$f_{su,d}A_{su} \leqslant 1.3(cA_{cv} + 1.4f_{sv,k}A_{sv}\cos\alpha) \quad (5.4.13\text{-}1)$$

2 U形钢筋所围核心混凝土加强钢筋计算取值条件：

$$A_{sv} \leqslant \frac{0.25f_{ck} - c}{1.4f_{sv,k}\cos\alpha}A_{cv} \quad (5.4.13\text{-}2)$$

$$A_{sv} \leqslant \frac{K - c}{1.4f_{sv,k}\cos\alpha}A_{cv} \quad (5.4.13\text{-}3)$$

式中：$f_{su,d}$——U形钢筋的抗拉强度设计值（MPa）；

A_{su}——单个U形钢筋双肢总截面面积（mm²）；

c——混凝土的黏结强度（MPa），取2.8MPa；

A_{cv}——U形钢筋交错重叠部分所围核心混凝土投影平面的净面积（mm²）；

$f_{sv,k}$——核心混凝土加强钢筋的抗拉强度标准值（MPa），当大于400MPa时取400MPa；

A_{sv}——核心混凝土加强钢筋的截面面积（mm²），当实际采用的截面面积超过式（5.4.13-2）和式（5.4.13-3）限值时，则按该限值代入式（5.4.13-1）计算；

α——接缝两侧相邻U形钢筋圆端头连线与U形钢筋轴线的夹角（rad）；

f_{ck}——接缝混凝土的抗压强度标准值（MPa）；

K——混凝土界面的极限剪切强度（MPa），取10.3MPa。

条文说明

采用U形钢筋交错布置现浇混凝土接缝常用于预制桥面板连接中，以替代传统现浇混凝土接缝中钢筋采用焊接或搭接的连接方式，但U形钢筋交错布置接缝的受力性能应该与传统接缝相同。根据同济大学混凝土桥梁研究室100余个试件的试验资料和国外的相关试验研究成果，当U形钢筋与核心混凝土加强钢筋配置不合理时，接缝将发生脆性破坏，其形态表现为：以接缝两侧相邻U形钢筋圆端头之间的斜裂缝为界，发生伴随裂缝张开的沿裂缝滑移，并在U形钢筋未屈服的情况下突然失去承载能力，呈现为剪切摩擦滑移的破坏机理。

因此，为了避免出现上述脆性破坏，获得与传统接缝相同的截面承载力和延性，U形钢筋应先发生屈服并使接缝达到塑性破坏状态。基于U形钢筋交错布置接缝的破坏形态，采用剪切摩擦滑移理论导出计算式（5.4.13-1），式中的黏结强度、摩擦系数的取值参考了国外规范规定，并按我国混凝土和钢筋的材料分项系数进行修正。

试验结果也表明，穿过核心混凝土的钢筋能提高U形钢筋交错布置接缝的承载力，但其对承载力提高的作用是有上限的，式（5.4.13-2）和式（5.4.13-3）是核心混凝土加强钢筋计算取值的限制条件，以防止设计时错误地采用多配置核心混凝土加强钢筋而不加大核心混凝土投影面积的方式去提高计算承载力。式（5.4.13-3）中混凝土界面的极限剪切强度，也参考了国外规范取值，并按我国混凝土和钢筋的材料分项系数进行修正。

U形钢筋交错布置现浇混凝土接缝的宽度较小，需要采用强度等级较高的接缝混凝土，故本条规定接缝混凝土强度等级不小于C50。

5.5 持久状况正常使用极限状态计算

5.5.1 节段预制拼装预应力混凝土构件进行弹性阶段计算时，预应力钢筋对截面几何特征的影响应符合下列规定：

1 对于全体内和体内外混合的后张预应力构件，体内预应力钢筋孔道压浆前采用净截面，预应力钢筋与混凝土黏结后采用换算截面。

2 全体外预应力混凝土构件采用毛截面。

条文说明

体内预应力钢筋在装配式构件截面几何特征计算时的规定和非装配式构件一致；体外预应力钢筋作为一种构件参与混凝土构件弹性阶段的受力，其不与混凝土构件截面组成换算截面。

5.5.2 节段预制预应力混凝土受弯构件不应按 B 类预应力混凝土设计。当构件无纵向连续普通钢筋时，应按全预应力混凝土设计。

条文说明

国内外大量的试验和理论研究结果表明，节段预制预应力混凝土构件若纵向普通钢筋在接缝处不连续，一旦接缝开裂，裂缝将快速扩展、受力性能明显下降。因此，本规范规定构件无纵向连续普通钢筋时，接缝截面应按全预应力混凝土设计。

5.5.3 节段预制拼装混凝土受弯构件应按持久状况正常使用极限状态要求，对接缝位置截面进行抗裂验算和裂缝宽度验算，对构件进行挠度验算。

5.5.4 预应力钢筋的锚下张拉控制应力应按现行《公路钢筋混凝土及预应力混凝土桥涵设计规范》（JTG 3362）的规定取用。

条文说明

由于体外预应力钢筋摩擦引起的预应力损失和正常使用阶段的应力增量均较小，只有降低锚下张拉控制应力才能满足正常使用阶段最大拉应力的限值要求。详细计算时若出现钢筋最大拉应力太大或过小，则要根据实际受力情况进行适当调整。

5.5.5 正常使用极限状态计算时，预应力损失计算项目应符合现行《公路钢筋混凝土及预应力混凝土桥涵设计规范》（JTG 3362）的有关规定，体外预应力钢筋的预应力损失计算尚应计入转向器偏转角安装误差引起的预应力损失，每个转向器的偏转角安装误差可取 0.04rad。

条文说明

装配式预应力混凝土构件在正常使用极限状态计算中，考虑的预应力损失项目同一般后张预应力混凝土构件相同。

体外预应力钢筋转向器安装时的偏转角误差不可避免，其将引起附加预应力损失，计算时有必要考虑这一因素。本规范参照国外规范将误差值取为 0.04rad，并将其计入孔道累计偏转角之中。

5.5.6 体外预应力钢筋与转向器孔道壁之间的摩擦系数 μ 宜采用试验方法确定，当缺乏资料时可按表 5.5.6 采用，孔道局部偏差对摩擦的影响可不计。

表 5.5.6 摩擦系数 μ

管道种类	μ	
	钢绞线、钢丝束	无黏结钢绞线
钢管	0.20 ~ 0.30	0.09 ~ 0.12
高密度聚乙烯管	0.12 ~ 0.15	0.09 ~ 0.12

条文说明

体外预应力钢筋在转向和锚固构造的孔道内摩擦引起的预应力损失，与钢筋的构造类型有很大关系，计算时要正确判断引起预应力损失的摩擦材料。如采用无黏结钢绞线束，孔道材料理解为无黏结钢绞线的高密度聚乙烯（HDPE）套管；如采用光面钢绞线束，孔道材料则理解为 HDPE 管或钢管。由于孔道的累计计算长度很短，局部偏差对摩擦的影响系数 k 一般取为 0。

5.5.7 预应力钢筋张拉锚固后接缝的压密值 Δl 可按表 5.5.7 采用。

表 5.5.7 接缝压密值 Δl

接缝类型	接缝压密值 Δl（mm）
环氧胶接缝	0.05
砂浆填充接缝	0.1
现浇混凝土接缝	0.1

注：表中数值以每个接缝计。

条文说明

装配式混凝土构件穿过接缝的预应力钢筋均为后张预应力钢筋，钢筋张拉过程中接缝的缝隙已基本压紧，钢筋锚固后的接缝压密主要是接缝材料后续变形等因素产生的进一步收紧，其量值很小。本规范给出的接缝压密值，是根据通常厚度的环氧胶接缝的后续变形、填充砂浆和现浇混凝土的接缝界面可能存在的未压紧浅层收缩裂缝等数据分析得到的。

5.5.8 节段预制拼装预应力混凝土构件的接缝位置应按下列规定进行抗裂验算：

1 接缝截面边缘混凝土的拉应力。

　　1）全预应力混凝土构件：

$$\sigma_{st} - 0.8\sigma_{pc} \leq 0 \tag{5.5.8-1}$$

　　2）配置纵向连续普通钢筋的 A 类预应力混凝土构件：

$$\sigma_{st} - \sigma_{pc} \leq 0.5 f_{tk} \tag{5.5.8-2}$$

$$\sigma_{lt} - \sigma_{pc} \leq 0 \tag{5.5.8-3}$$

2 接缝位置混凝土的主拉应力。

1）全预应力混凝土构件：
$$\sigma_{tp} \leq 0.4 f_{tk} \qquad (5.5.8\text{-}4)$$

2）配置纵向连续普通钢筋的 A 类预应力混凝土构件：
$$\sigma_{tp} \leq 0.5 f_{tk} \qquad (5.5.8\text{-}5)$$

式中：σ_{st}——作用频遇组合下接缝截面边缘混凝土的拉应力（MPa）；

σ_{pc}——永存预加力作用下接缝截面边缘混凝土的压应力（MPa）；

f_{tk}——混凝土轴心抗拉强度标准值，取接缝两侧强度较低者（MPa）；

σ_{lt}——作用准永久组合下接缝截面边缘混凝土的拉应力（MPa）；

σ_{tp}——预加力和作用频遇组合下接缝位置混凝土的主拉应力（MPa）。

条文说明

现行《公路钢筋混凝土及预应力混凝土桥涵设计规范》（JTG 3362）中，已对预制拼装全预应力混凝土构件的正截面、斜截面及部分预应力混凝土构件斜截面的抗裂验算提出了明确要求，因此本规范采用了相应规定。

本规范规定中的部分预应力混凝土构件，是不开裂且应力受限的 A 类预应力混凝土构件。关于部分预应力混凝土构件正截面的抗裂验算，本规范根据中铁第一勘察设计院集团有限公司主持的原铁道部科技研究开发计划课题"铁路节段预制胶接拼装箱梁成套技术研究"的试验结果，接缝位置混凝土材料的抗拉强度低于无接缝段约 10%～30%，故在作用效应频遇组合下正截面抗裂验算时对公式（5.5.8-2）右侧的混凝土抗拉容许应力偏安全地折减了约 30%。

5.5.9 预制受弯构件钢筋混凝土接缝的裂缝宽度，可按现行《公路钢筋混凝土及预应力混凝土桥涵设计规范》（JTG 3362）的相关规定验算。

5.5.10 节段预制拼装预应力混凝土受弯构件的截面刚度，应取现行《公路钢筋混凝土及预应力混凝土桥涵设计规范》（JTG 3362）的相关计算值乘以折减系数 0.9。

条文说明

根据试验资料，节段预制预应力混凝土受弯构件在使用荷载下的挠度大于整体施工构件在 10% 之内。为了计入该影响，将受弯构件的挠度计算值乘以 1.1 的增大系数或截面刚度计算值乘以 0.9。

5.6 持久状况和短暂状况的构件接缝位置应力计算

5.6.1 在持久状况设计时，节段预制拼装预应力混凝土受弯构件应计算其使用阶段接缝位置的正截面混凝土压应力和斜截面混凝土主压应力、受拉区预应力钢筋拉应力，并不应超过本节规定的限值。

5.6.2 在短暂状况设计时，节段预制拼装混凝土受弯构件应根据制作、运输及安装等施工阶段，计算其由自重、施工荷载等作用引起的接缝位置正截面和斜截面混凝土应力，并不应超过本节规定的限值。

5.6.3 在使用阶段作用标准值组合下，节段预制拼装预应力混凝土构件接缝位置混凝土的压应力应满足下列要求：

1 接缝截面混凝土的最大压应力：
$$\sigma_{cc} \leq 0.50 f_{ck} \qquad (5.6.3\text{-}1)$$

2 接缝位置混凝土的最大主压应力：
$$\sigma_{cp} \leq 0.60 f_{ck} \qquad (5.6.3\text{-}2)$$

式中：σ_{cc}——使用阶段接缝截面混凝土的最大压应力（MPa）；

σ_{cp}——使用阶段接缝位置混凝土的最大主压应力（MPa）；

f_{ck}——混凝土的抗压强度标准值（MPa），取接缝两侧强度较低者。

条文说明

根据相关试验结果，装配式构件接缝位置混凝土的受力性能相比其他部位有所下降，其中抗拉、抗剪性能受到的影响较大，而抗压性能受影响较小。因此，本规范对使用阶段装配式预应力混凝土构件正、斜截面最大压应力的限值仍采用无接缝构件的规定。设计时若偏安全考虑，通常将重要构件个别关键受力截面的最大压应力限值降低5%。

5.6.4 在使用阶段作用标准值组合下，节段预制拼装预应力混凝土构件预应力钢筋的最大拉应力，应符合现行《公路钢筋混凝土及预应力混凝土桥涵设计规范》（JTG 3362）的规定。

5.6.5 在施工阶段作用标准值组合下，构件接缝截面边缘混凝土的最大压应力应满足下列要求：

1 预应力混凝土构件：
$$\sigma_{cc}^{t} \leq 0.65 f_{ck}' \qquad (5.6.5\text{-}1)$$

2 钢筋混凝土构件：
$$\sigma_{cc}^{t} \leq 0.70 f_{ck}' \qquad (5.6.5\text{-}2)$$

式中：σ_{cc}^{t}——施工阶段接缝截面边缘混凝土的最大压应力（MPa）；

f_{ck}'——施工阶段混凝土的轴心抗压强度标准值（MPa），取接缝两侧强度较低者。

5.6.6 在施工阶段作用标准值组合下，预应力混凝土构件接缝截面边缘混凝土的最大拉应力应满足下列要求：
1 当受拉区跨接缝体内钢筋的配筋率小于0.2%时，不应出现拉应力。
2 当受拉区跨接缝体内钢筋的配筋率大于0.4%时，应满足式（5.6.6）的要求。

$$\sigma_{ct}^t \leqslant 0.80 f_{tk}' \qquad (5.6.6)$$

式中：σ_{ct}^t——施工阶段接缝截面边缘混凝土的最大拉应力（MPa）；
f_{tk}'——施工阶段混凝土的轴心抗拉强度标准值（MPa），取接缝两侧强度较低者。
3 当受拉区跨接缝体内钢筋的配筋率为0.2%~0.4%时，σ_{ct}^t应不大于$0.50 f_{tk}'$和$0.80 f_{tk}'$之间的线性插值。
4 全体外预应力混凝土构件不应出现拉应力。

条文说明

考虑到接缝位置混凝土或黏结材料的界面缺陷，同时也为确保持久状况正常使用极限状态的抗裂性能，接缝截面的最大拉应力限值同抗裂验算中的情况一样折减了约30%。

5.6.7 在施工阶段作用标准值组合下，钢筋混凝土构件中性轴处接缝位置混凝土的主拉应力应满足式（5.6.7）的要求：

$$\sigma_{tp}^t \leqslant 0.70 f_{tk}' \qquad (5.6.7)$$

式中：σ_{tp}^t——施工阶段构件中心轴处接缝位置混凝土的主拉应力（MPa）。

条文说明

钢筋混凝土构件接缝位置的主拉应力限值，同抗裂验算中的情况一样，折减了30%。

5.6.8 设置剪力键的环氧胶接缝，当环氧胶固化前无临时抗剪措施时，在施工阶段作用标准值组合下剪力键根部截面混凝土的剪应力应满足式（5.6.8）的要求：

$$\tau_{ck}^t = \frac{1.5 V_k^t}{\sum_i A_{ck,i}} \leqslant 0.7 f_{ck}' \sqrt{0.009 + 0.095 \frac{\sigma_{pc,a}^t}{f_{ck}'} - 0.104 \left(\frac{\sigma_{pc,a}^t}{f_{ck}'}\right)^2} \qquad (5.6.8)$$

式中：τ_{ck}^t——施工阶段剪力键根部截面混凝土的剪应力（MPa）；
V_k^t——施工阶段计入动力系数作用标准值组合在接缝截面产生的剪力（N）；
i——剪力键较薄弱侧块体的序号；
$A_{ck,i}$——第i个键块根部的截面面积（mm²），位于顶板和底板中的键块计入范围限于抗剪有效宽度之内；
$\sigma_{pc,a}^t$——施工阶段接缝全截面的平均压应力（MPa）。

条文说明

在设置多重剪力键的构件拼装过程中,环氧树脂胶未固化、预压应力或轴向压力较低是剪力键最不利的抗剪工况,但此时又不能允许键块出现任何破坏。因此,在抗剪承载力验算时,需要采用混凝土剪-压复合强度准则作为确定剪力键强度的依据。计算公式采用的系数与无接缝构件在短暂状况的受力容许水平相当,考虑了沿截面高度剪力键受力不均匀因素的应力增大、剪力键部位缺陷对混凝土强度的折减,并不计入涂胶界面的滑动摩阻抗力。

5.6.9 不设剪力键或仅设少量定位键的接缝,在施工阶段作用标准值组合下,其连接界面的剪应力应满足式(5.6.9)的要求:

$$\tau_{cj}^t = 1.5 \frac{V_k^t}{A_{cj}} \leq 0.7 k_t c_i \tag{5.6.9}$$

式中:τ_{cj}^t——施工阶段接缝界面的剪应力(MPa);

A_{cj}——接缝的截面面积(mm²);

k_t——施工阶段接缝连接材料界面黏结强度的折减系数,取 0.75;

c_i——接缝连接材料界面的黏结强度(MPa):当为设剪力键的环氧胶时取 2.3MPa;当为不设剪力键的环氧胶或设剪力键的现浇混凝土时取 2.0MPa;当界面粗糙化处理后现浇混凝土或填充砂浆时取 1.7MPa;当界面不粗糙化处理现浇混凝土或填充砂浆时取 0.5MPa。

条文说明

构件不设剪力键或设少量的定位键时,剪切面将与节段接缝的界面重合,属于结合界面的剪切受力问题。当达到设计要求的最短养护时间和强度要求后,在接缝截面混凝土不开裂的前提下,不允许接缝出现黏结抗力破坏,也不能计入破坏界面的摩阻抗力,故在剪应力验算时仅考虑了接缝界面部位混凝土的黏结强度。抗剪承载力计算公式中的黏结强度参考了国外规范的有关规定,并采用系数使混凝土应力达到无接缝构件短暂状况相当的受力容许水平。

6 下部结构

6.1 一般规定

6.1.1 装配式混凝土桥墩预制节段的连接方式可根据结构形式、施工条件等因素按表 6.1.1 确定。

表 6.1.1 装配式混凝土桥墩预制节段的常用连接方式及适用范围

序号	连接方式	适用范围
1	钢筋灌浆套筒	墩柱与盖梁、墩柱与承台、墩柱节段间
2	钢筋灌浆波纹钢管	墩柱与盖梁、墩柱与承台
3	构件承插式	墩柱与盖梁、墩柱与承台
4	钢筋插槽式	墩柱与盖梁、墩柱与承台
5	湿接缝式	墩柱与承台、墩柱节段间、盖梁节段间
6	预应力钢筋	墩柱与盖梁、墩柱与承台、墩柱节段间、盖梁节段间

条文说明

目前国内外采用的装配式混凝土桥墩连接方式有钢筋灌浆套筒、钢筋灌浆波纹钢管、构件承插式、钢筋插槽式、湿接缝式、预应力钢筋、钢板连接、焊接连接等多种形式，如图 6-1～图 6-6 所示。根据国内外工程应用经验总结，表 6.1.1 列出了常用的连接方式及其建议适用范围。

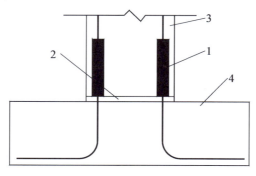

图 6-1 钢筋灌浆套筒连接
1-灌浆套筒；2-砂浆填充层；3-预制墩柱；4-承台

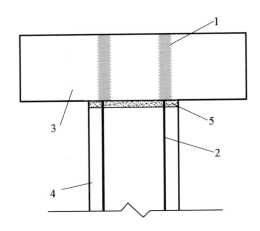

图 6-2 钢筋灌浆波纹钢管连接
1-灌浆波纹钢管；2-预制节段伸出钢筋；3-预制盖梁；4-预制墩柱；5-砂浆填充层

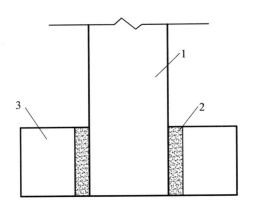

图 6-3 构件承插式连接
1-预制墩柱；2-浇筑混凝土或填充料；3-承台

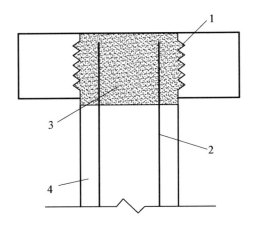

图 6-4 钢筋插槽式连接
1-钢波纹管道；2-预制节段伸出钢筋；3-浇筑混凝土；4-预制墩柱

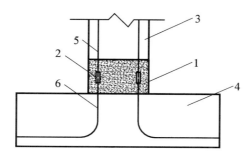

图 6-5 湿接缝式连接

1-混凝土或活性粉末混凝土湿接缝；2-机械连接等；3-预制墩柱；4-承台；5-墩柱钢筋；6-承台钢筋

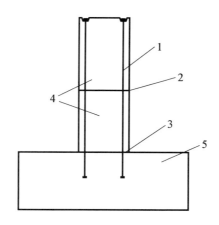

图 6-6 预应力钢筋连接

1-预应力钢筋；2-节段接缝（胶接缝）；3-构件接缝（胶接缝或砂浆接缝）；4-预制墩柱节段；5-承台

6.1.2 装配式混凝土桥墩采用满足本规范规定的灌浆套筒和灌浆波纹钢管连接时，结构静力分析可按现浇结构进行。

条文说明

在预制构件之间及预制构件与现浇混凝土的接缝处，当受力钢筋采用可靠连接，且接缝处新旧混凝土之间采用粗糙面、键槽等构造措施时，结构的整体性能与现浇混凝土结构类同，设计中采用与现浇结构相同的方法进行结构分析。灌浆套筒和灌浆波纹钢管布置在预制构件中时，将使该范围的截面强度有所增大，同时也使得该局部区域刚度增大。但由于截面与配筋形式多样，难以给出统一的影响系数，实际工程中，在结构静力分析验算构件强度和变形时，一般忽略该影响。

6.2 构造规定

6.2.1 采用离心法制作的混凝土空心墩柱宜采用钢筋混凝土结构，混凝土强度等级应不低于 C50，直径应不小于 1m，壁厚应不小于 150mm。

条文说明

离心法制作混凝土构件可以达到较高的强度，结合公路工程中常用墩柱尺寸、预制工艺和强度需求，提出混凝土强度等级低限为C50。考虑空心墩柱刚度相对于实心墩要更低以及偏心距增大系数等影响，规定空心墩柱直径应不小于1m。空心墩柱壁厚设计主要由受力计算控制，包含极限承载能力、轴压比、抗剪能力等，管墩壁厚过薄时，可能出现局部压溃破坏，故规定管墩壁厚应不小于150mm。

6.2.2 预制墩柱与承台、墩柱与盖梁、台身不同类型构件之间的拼装接缝砂浆填充层厚度宜为 10~30mm，当采用胶接缝时厚度不宜超过 3mm。

条文说明

实际施工中需通过砂浆填充层的厚度调整预制构件的高度和平整度，同时考虑到预制构件受力要求，砂浆填充层厚度不能过大；同类型构件之间的拼装采用环氧树脂胶时，其厚度需考虑受力和施工的要求。

6.2.3 采用钢筋灌浆套筒连接时，应符合下列规定：

1 预制墩柱中纵向受力钢筋宜采用大直径钢筋，钢筋之间的中心距宜小于 350mm。

2 套筒之间净距宜大于下列尺寸中的最大值：25mm、集料最大粒径的 1.4 倍及被连接纵向钢筋的直径 d_s。

3 钢筋伸入灌浆套筒内部长度不应小于其直径的 10 倍。

4 预制构件中套筒压浆口下缘处应设置一道箍筋。

5 套筒的保护层厚度应符合现行《公路钢筋混凝土及预应力混凝土桥涵设计规范》（JTG 3362）的规定，当预制构件中预埋灌浆套筒后导致纵向主筋保护层厚度大于 50mm 时，可在保护层内增设抗裂措施。

6 套筒与箍筋应采用绑扎连接，不应采用焊接连接。

条文说明

预制构件采用预埋灌浆套筒后，由于灌浆套筒需要有一定的保护层厚度，这样使得预制构件纵向主筋的保护层厚度会有所增大，大于50mm 时需要在保护层内增设一定的抗裂措施。当构件在频遇值组合下未出现拉应力时，也可不增设抗裂措施，或通过增大灌浆套筒埋置段墩柱截面尺寸的方法，协调灌浆套筒和纵向主筋的保护层厚度，使其均小于 50mm。

6.2.4 采用钢筋灌浆波纹钢管连接时，应符合下列规定：

1 波纹钢管间的净距不应小于波纹钢管外径，且不应小于 50mm。

2 波纹钢管的长度不应小于$24d_s$（d_s为被连接纵向钢筋直径），且不应拼接；波纹钢管的内径不宜小于d_s+40mm，壁厚不应小于2mm；波纹钢管的波高不宜小于3mm，波距不宜大于32mm。

3 预制构件中灌浆波纹钢管压浆口下缘处应设置一道箍筋。

4 灌浆波纹钢管的保护层厚度应符合现行《公路钢筋混凝土及预应力混凝土桥涵设计规范》（JTG 3362）的规定，当预制构件中预埋灌浆波纹钢管后导致纵向主筋保护层厚度大于50mm时，可在保护层内增设抗裂措施。

5 灌浆波纹钢管与箍筋应采用绑扎连接，不应采用焊接连接。

6 灌浆波纹钢管下端应设置压浆口连接压浆管，上端应设置出浆口连接出浆管或直接由端部出浆。压浆口下缘与端部净距应大于20mm。

条文说明

根据试验研究，为确保灌浆波纹钢管连接可靠，需对波纹钢管的长度、直径、波高进行规定。考虑到波纹钢管的约束作用以及灌浆料力学性能的提高，参考国内外的试验成果和国外规范建议值，将波纹钢管内部钢筋最小锚固长度规定为$24d_s$。波纹钢管内压浆顺序为由下向上，因此压浆口下缘与底部需留有一定的净距，以满足施工空间。

6.2.5 当预制墩柱与承台采用构件承插式连接时，应符合下列规定：

1 预制墩柱插入承台的深度应由计算确定，并且插入段纵向钢筋应满足最小锚固长度要求。

2 预制墩柱插入段表面与承插孔壁表面应均匀设置键槽（图6.2.5），键槽深度h_1不宜小于30mm，并应采用梯形截面构造（倾角接近45°）。键槽凹面和凸面的长度b_1宜为键槽深度h_1的2倍。承插孔壁上端预制墩柱键槽的起凹点距离承插孔台顶面的距离c_1应不小于50mm。

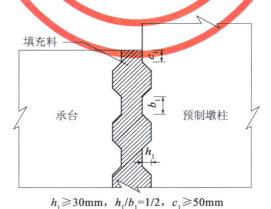

$h_1 \geqslant 30mm$，$h_1/b_1=1/2$，$c_1 \geqslant 50mm$

图6.2.5 预制墩柱承插式连接键槽

3 预制墩柱与承插孔壁的最小间隙宽度不宜小于50mm，其间可采用小石子混凝土或高强灌浆料填充密实，可掺入适量膨胀剂。填充材料强度应高于墩柱及承台一个等级。

4 承台沿承插孔周边应设置水平加强箍筋，承插孔底板应按抗冲切计算设置弯起钢筋，并与承台钢筋连接。

5 圆形管墩-承台的承插式连接设计可按本规范附录 C 执行。

条文说明

1 中交第二公路勘察设计研究院有限公司联合多家单位进行了预制桥墩承插式连接的专题研究，发现构件承插深度主要影响承插孔壁应力分布，局部应力随着承插深度减小而增大，因此需要通过计算控制最小承插深度使局部应力小于构件混凝土或灌浆材料抗压强度。为了保证承插式连接墩柱塑性铰的形成规律与现浇桥墩一致，墩柱底部的纵向钢筋不发生黏结破坏，承插式连接承插深度还需要满足纵筋最小锚固长度的要求。

2 连接部设置键槽有利于墩柱与承台相互嵌锁、增大结合面及剪力传递，国外规范的相关条文指出，承插式连接部位键槽抗剪承载力足够时可认为承台与墩柱形成整体。

3 专题研究发现承台发生底板冲切破坏前，预留承插孔端部的承台侧壁先发生撕裂破坏，竖向 U 形抗冲切钢筋可以提供部分抗冲切承载力，提高承台抗冲切能力。

6.2.6 采用钢筋插槽式连接时，应符合下列规定：

1 插槽孔壁可通过设置钢波纹管或采用带齿键模板形成剪力键，盖梁或承台主筋在插槽孔内应保持连续并避免与预制墩柱的预留钢筋干扰。

2 插槽孔内宜填充高强混凝土，并宜掺入适量膨胀剂。高强混凝土强度等级不应低于盖梁及预制构件混凝土强度。

3 插槽孔内预制墩柱预留钢筋长度应满足最小锚固长度的要求。

6.2.7 采用活性粉末混凝土湿接缝连接时，应符合下列规定：

1 钢筋的连接可采用焊接、机械连接或搭接连接。

2 当采用 U 形钢筋的搭接连接时（图 6.2.7），搭接长度应大于 12 倍纵向主筋的直径。U 形钢筋搭接后的净距不宜小于 1.5 倍活性粉末混凝土中钢纤维的长度。U 形钢筋至活性粉末混凝土内外表面的净距不宜小于 3cm。

3 当采用直钢筋、带弯钩或镦头等钢筋搭接连接时，直钢筋的搭接长度应大于 20 倍纵向主筋的直径；带弯钩或镦头钢筋的搭接长度应大于 15 倍纵向主筋的直径。

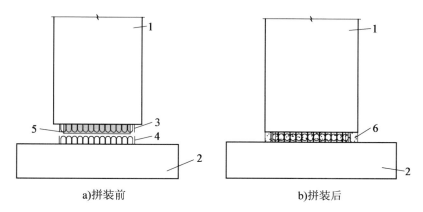

图 6.2.7 U形钢筋的搭接连接示意
1-预制立柱；2-承台（或立柱节段）；3-上部U形钢筋；4-下部U形钢筋；5-支撑平台；6-湿接缝

条文说明

活性粉末混凝土具有很好的致密性，可对钢筋形成很好的握裹作用，大幅减少钢筋需要的锚固长度。当钢筋的搭接采用U形钢筋形式时，其搭接长度可以进一步减少。需要注意的是活性粉末混凝土的收缩较大，在湿接缝实际应用中需要考虑，防止其出现裂缝。

6.2.8 采用普通混凝土湿接缝连接时，钢筋的连接应采用焊接或机械连接。机械连接接头应满足现行《钢筋机械连接技术规程》（JGJ 107）中Ⅰ级接头的要求。

6.2.9 采用预应力钢筋连接时，应符合下列规定：
  1 预应力钢筋可采用钢绞线、预应力螺纹钢筋等。
  2 预应力钢筋宜采用单端锚固形式，张拉端宜置于墩柱上端，锚固端宜置于下端。

6.2.10 节段预制盖梁采用胶接缝拼装连接时，拼接面应设置剪力键。

6.3 计算规定

6.3.1 节段预制拼装混凝土受压构件无接缝区段计算，应符合现行《公路钢筋混凝土及预应力混凝土桥涵设计规范》（JTG 3362）的规定。

6.3.2 节段预制拼装混凝土受压构件进行承载能力极限状态计算、正常使用极限状态计算以及构件应力计算时，均应计入接缝对受力性能的影响。

6.3.3 节段预制拼装混凝土受压构件作用效应分析时，正截面抗弯刚度应按现行《公路钢筋混凝土及预应力混凝土桥涵设计规范》（JTG 3362）的有关规定取用。

6.3.4 节段预制拼装混凝土受压构件接缝位置正截面计算的基本假定，应符合本规范第 5.3.4 条的规定。

6.3.5 节段预制拼装混凝土受压构件接缝位置正截面承载力计算时，截面受压区应力分布的等效图形及高度，应符合本规范第 5.3.5 条的规定。

6.3.6 下部结构节段预制拼装混凝土受弯构件的计算，应符合本规范第 5.3 节～第 5.6 节的规定。

6.4 持久状况承载能力极限状态计算

6.4.1 节段预制拼装混凝土受压构件应进行接缝位置正截面抗压弯承载力和接缝截面抗剪弯承载力等计算。

条文说明

试验和理论研究表明，偏心受压构件的接缝对截面承载力存在不可忽略的不利影响，因此验算要计入该影响。

6.4.2 偏心受压构件的接缝位置正截面相对界限受压区高度 ξ_b 的取值，应符合现行《公路钢筋混凝土及预应力混凝土桥涵设计规范》（JTG 3362）的规定。

6.4.3 小偏心受压构件位于接缝截面受拉侧或受压较小侧钢筋的应力，应按现行《公路钢筋混凝土及预应力混凝土桥涵设计规范》（JTG 3362）的规定计算。

条文说明

偏心受压混凝土构件接缝截面的相对界限受压区高度、小偏心受压构件在接缝截面受拉侧或受压较小侧的钢筋应力计算方法，均与无接缝截面的规定一致。

6.4.4 矩形、T 形及 I 形截面受压构件的接缝位置，抗压弯承载力计算应满足式（6.4.4-1）、式（6.4.4-2）的要求：

$$\gamma_0 N_d \leq \phi_c N_{ud} \quad (6.4.4\text{-}1)$$

$$\gamma_0 N_d e \leq \phi_c M_{ud} \quad (6.4.4\text{-}2)$$

式中：N_d——截面轴向压力设计值（N）；

ϕ_c——接缝对抗压承载力的折减系数：大偏心受压时取 0.95，其他情况取 1.0；

N_{ud}、M_{ud}——受压构件的截面抗压承载力设计值（N）、抗弯承载力设计值（N·mm），按现行《公路钢筋混凝土及预应力混凝土桥涵设计规范》（JTG 3362）的相关规定计算。计算时仅计入跨接缝的纵向钢筋，采用体外预应力钢筋时应力设计值取 $\sigma_{pe,e}$；

e——轴向压力作用点至截面受拉侧或受压较小侧的纵向连续普通钢筋和体内预应力钢筋合力点的距离（mm）。

条文说明

偏心受压混凝土构件接缝截面抗压承载力计算的基本假定、计算图式均和无接缝段截面的规定一致。同济大学试验结果表明：在压-弯-剪共同作用下，由于受到接缝的构造和接缝界面材料强度等因素的影响，受压构件在接缝截面消压后会集中开裂，接缝一旦开展到一定高度后，附近的斜裂缝就不再发展，最终接缝将发展成破坏裂缝，且破坏时接缝受压区的应力分布和量值与偏心受压构件有所不同，承载力也低于相应无接缝的构件。体外预应力钢筋因在破坏时应力增量很小、总应力达不到名义屈服强度，偏安全地取其永存预应力作为极限应力设计值。由于大偏心受压构件的接缝开裂开展特征、破坏形态与受弯构件相似，接缝对大偏心受压构件抗压承载力的影响系数也取 $\phi_c = 0.95$。

6.4.5 受压区为弓形的圆形和环形截面偏心受压构件接缝位置（图6.4.5），抗压承载力应满足式（6.4.5-1）、式（6.4.5-2）的要求：

$$\gamma_0 N_d \leq \phi_c \left[\alpha_a f_{cd} A_c \left(1 - \frac{\sin 2\pi\alpha_c}{2\pi\alpha_c}\right) + N_{spd,ce} \right] \quad (6.4.5\text{-}1)$$

$$\gamma_0 N_d \eta e_0 \leq \phi_c \left(f_{cd} A_c r \frac{2\sin^3 \pi\alpha_c}{3\pi} + M_{spd,ce} \right) \quad (6.4.5\text{-}2)$$

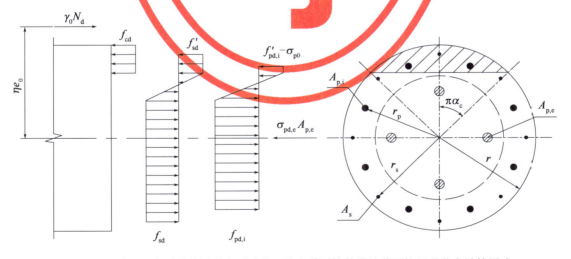

图6.4.5 受压区为弓形的圆形和环形截面偏心受压构件接缝截面抗压承载力计算图式

其中 α_c 应按式（6.4.5-3）计算：

$$\eta e_0 = \frac{f_{cd}A_c r \dfrac{2\sin^3 \pi\alpha_c}{3\pi} + M_{spd,cc}}{\alpha_c f_{cd}A_c \left(1 - \dfrac{\sin 2\pi\alpha_c}{2\pi\alpha_c}\right) + N_{spd,cc}} \quad (6.4.5\text{-}3)$$

$$N_{spd,cc} = \alpha_c (f_{sd}A_s + f'_{pd,i}A_{p,i}) - \alpha_{tc}[f_{sd}A_s + (f_{pd,i} - \sigma_{p0,i})A_{p,i}] - \sigma_{p0,i}A_{p,i} - \sigma_{pd,e}A_{p,e} \quad (6.4.5\text{-}4)$$

$$M_{spd,cc} = (f_{sd}A_s r_s + f'_{pd,i}A_{p,i}r_p)\frac{\sin\pi\alpha_c}{\pi} + [f_{sd}A_s r_s + (f_{pd,i} - \sigma_{p0,i})A_{p,i}r_p]\frac{\sin\pi\alpha_{tc}}{\pi} \quad (6.4.5\text{-}5)$$

$$\alpha_{tc} = 1.25 - 2\alpha_c \quad (6.4.5\text{-}6)$$

$$\sigma_{p0,i} = \sigma_{pe,i} + \alpha_{EP}\sigma_{pc} \quad (6.4.5\text{-}7)$$

式中：α_c——对应截面受压区混凝土的圆心角（rad）与 2π 的比值；

A_c——圆形截面的面积（mm^2），当计算环形截面时取 $A_c = \pi r^2$；

$N_{spd,cc}$——圆形截面受压构件全部纵向连续普通钢筋和预应力钢筋的合力设计值（N）；

η——偏心受压构件轴向压力的偏心距增大系数；

e_0——轴向压力对换算截面形心轴的初始偏心距（mm）；

r——圆形截面的半径或环形截面的外半径（mm）；

$M_{spd,cc}$——圆形截面受压构件全部纵向连续普通钢筋和预应力钢筋合力产生的抗弯力矩设计值（N·mm）；

A_s——圆形或环形截面全部纵向连续普通钢筋的截面面积（mm^2），沿周边均布且不应少于 6 根钢筋；

$A_{p,i}$——圆形或环形截面全部体内预应力钢筋的截面面积（mm^2），沿周边均布且不应少于 6 根；

α_{tc}——圆形截面受压构件受拉纵向连续普通钢筋和体内预应力钢筋的截面面积与全部纵向连续普通钢筋和体内预应力钢筋的截面面积之比，当 $\alpha_c > 0.625$ 时取 $\alpha_{tc} = 0$；

$\sigma_{p0,i}$——圆形或环形截面体内预应力钢筋合力点处混凝土正应力等于零时的体内预应力钢筋的应力（MPa）；

$A_{p,e}$——圆形或环形截面全部体外预应力钢筋的截面面积（mm^2），合力应位于圆心；

r_s——圆形或环形截面纵向连续普通钢筋所在圆周线的半径（mm）；

r_p——圆形或环形截面体内预应力钢筋所在圆周线的半径（mm）；

$\sigma_{pe,i}$——圆形或环形截面体内预应力钢筋的永存应力（MPa）；

σ_{pc}——圆形或环形截面全部预应力钢筋在体内预应力钢筋合力点产生的预压应力（MPa）。

6.4.6 受压区非弓形的环形截面偏心受压构件接缝位置（图6.4.6），抗压承载力应满足式（6.4.6-1）、式（6.4.6-2）的要求：

$$\gamma_0 N_d \leqslant \phi_c (\alpha_c f_{cd} A_c + N_{spd,cr}) \quad (6.4.6\text{-}1)$$

$$\gamma_0 N_d \eta e_0 \leqslant \phi_c \left[0.5 f_{cd} A_c (r_1 + r_2) \frac{\sin\pi\alpha_c}{\pi} + M_{spd,cr} \right] \quad (6.4.6\text{-}2)$$

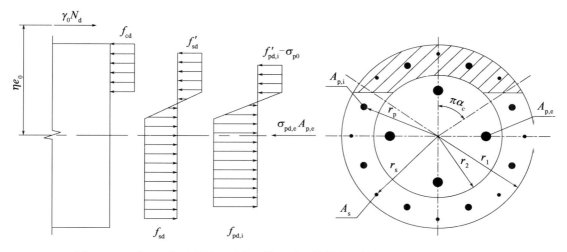

图6.4.6 受压区非弓形的环形截面偏心受压构件接缝截面抗压承载力计算图式

其中 α_c 应按式（6.4.6-3）计算：

$$\eta e_0 = \frac{0.5 f_{cd} A_c (r_1 + r_2) \frac{\sin\pi\alpha_c}{\pi} + M_{spd,cr}}{\alpha_c f_{cd} A_c + N_{spd,cr}} \quad (6.4.6\text{-}3)$$

$$N_{spd,cr} = \alpha_c (f_{sd} A_s + f'_{pd,i} A_{p,i}) - \alpha_{tr} [f_{sd} A_s + (f_{pd,i} - \sigma_{p0,i}) A_{p,i}] - \sigma_{p0,i} A_{p,i} - \sigma_{pd,e} A_{p,e} \quad (6.4.6\text{-}4)$$

$$M_{spd,cr} = (f_{sd} A_s r_s + f'_{pd,i} A_{p,i} r_p) \frac{\sin\pi\alpha_c}{\pi} + [f_{sd} A_s r_s + (f_{pd,i} - \sigma_{p0,i}) A_{p,i} r_p] \frac{\sin\pi\alpha_{tr}}{\pi} \quad (6.4.6\text{-}5)$$

$$\alpha_{tr} = 1 - 1.5\alpha_c \quad (6.4.6\text{-}6)$$

当 $\alpha_c < \arccos[2r_1/(r_1 + r_2)]/\pi$ 时，抗压承载力应按本规范第6.4.5条的规定计算。

式中：A_c——环形截面的面积（mm²）；

$N_{spd,cr}$——环形截面受压构件全部纵向连续普通钢筋和预应力钢筋的合力设计值

（N）；

r_1、r_2——环形截面的外、内半径（mm），$r_2/r_1 \geqslant 0.5$；

$M_{spd,cr}$——环形截面受压构件全部纵向连续普通钢筋和预应力钢筋合力产生的抗弯力矩设计值（N·mm）；

α_{tr}——环形截面受压构件受拉纵向连续普通钢筋和体内预应力钢筋的截面面积与全部纵向连续普通钢筋和体内预应力钢筋的截面面积之比，当 $\alpha_c > 0.667$ 时取 $\alpha_{tr} = 0$。

6.4.7 剪压区为矩形的大偏心受压构件接缝截面（图6.4.7），抗剪弯承载力应满足式（6.4.7-1）、式（6.4.7-2）的要求：

$$\gamma_0 V_d \leqslant 0.95 \tau_c b'_{f,s} x \quad (6.4.7-1)$$

$$\gamma_0 N_d e \leqslant \phi_c \left[\sigma_c b'_f x \left(h_0 - \frac{x}{2} \right) - N_{spd,c} (h_0 - h_{spd,c}) \right] \quad (6.4.7-2)$$

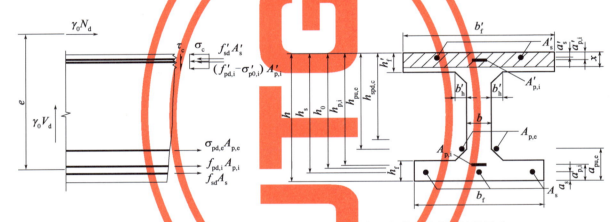

图6.4.7 剪压区为矩形的大偏心受压构件接缝截面抗剪弯承载力计算图式

其中 τ_c、σ_c、x 应按式（6.4.7-3）、式（6.4.7-4）及式（5.4.9-6）计算：

$$\frac{V_d}{N_d} = \frac{0.95 \tau_c b'_{f,s} x}{\phi_c (\sigma_c b'_f x - N_{spd,c})} \quad (6.4.7-3)$$

$$e = \frac{\sigma_c b'_f x \left(h_0 - \frac{x}{2} \right) - N_{spd,c}(h_0 - h_{spd,c})}{\sigma_c b'_f x - N_{spd,c}} \quad (6.4.7-4)$$

$$N_{spd,c} = f_{sd} A_s + f_{pd,i} A_{p,i} + \sigma_{pd,e} A_{p,e} - f'_{sd} A'_s - (f'_{pd,i} - \sigma'_{p0,i}) A'_{p,i} \quad (6.4.7-5)$$

式中：x——受压构件接缝截面剪压区的高度（mm），当 $x > h_0$ 时取 h_0；

N_d——与 V_d 对应工况的轴向压力设计值（N）；

h_0——截面受拉区纵向连续普通钢筋和体内预应力钢筋的合力点至受压边缘的距离（mm）；

$N_{spd,c}$——受压构件纵向连续普通钢筋和预应力钢筋的合力设计值（N）；

$h_{spd,c}$——$N_{spd,c}$的作用点至截面受压边缘的距离（mm）；

$\sigma_{pd,e}$——受压构件抗剪承载力计算时体外预应力钢筋的极限应力设计值（MPa），取$\sigma_{pe,e}$。

条文说明

墩柱尽管是偏心受压构件，但其弯矩主要是横向作用引起的，在剪力和弯矩共同作用下，相对薄弱的接缝截面消压后开裂，最终可能出现剪弯压的耦合破坏。由于这种破坏以正截面破坏形态出现，与理论上的偏心受压构件正截面破坏相似，但截面相应的抗压和抗弯承载力低于偏心受压构件正截面的抗压和抗弯承载力，故其受力特点很容易被忽略。同济大学的缩尺模型试验结果表明，由于墩柱构件的轴压比不大，接缝截面破坏时的受力状态和受弯构件接缝截面存在相似性，剪压区的混凝土也将在剪压应力作用下达到其极限强度。在缩尺模型试验的基础上，同济大学进行了4个足尺钢筋混凝土墩柱承载力试验，得到了与缩尺模型试验一致的结论。因此，同样考虑接缝对混凝土抗剪强度的折减、采用混凝土剪-压复合强度准则及假定条件，按图6.4.7所示的计算图式进行方程推导，最后再按要求的设计可靠度提出了式（6.4.7-1）～式（6.4.7-4）。这些公式也忽略了剪压区体内配筋截面的直接抗剪作用，偏安全地将体外预应力钢筋的极限应力设计值取为其永存预应力，不考虑二次效应。

6.4.8 剪压区为T形的大偏心受压构件接缝截面（图6.4.8），抗剪弯承载力应满足式（6.4.8-1）、式（6.4.8-2）的要求：

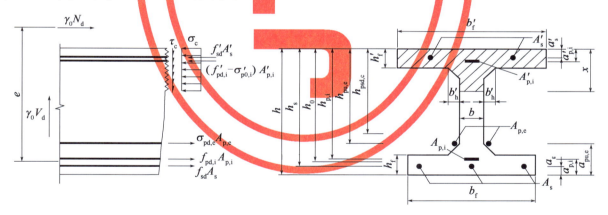

图6.4.8 剪压区为T形的大偏心受压构件接缝截面抗剪弯承载力计算图式

$$\gamma_0 V_d \leq 0.95 \tau_c [bx + (b'_{f,s} - b) h'_f] \quad (6.4.8-1)$$

$$\gamma_0 N_d e \leq \phi_c \left\{ \sigma_c \left[bx \left(h_0 - \frac{x}{2} \right) + (b'_f - b) h'_f \left(h_0 - \frac{h'_f}{2} \right) \right] - N_{spd,c} (h_0 - h_{spd,c}) \right\} \quad (6.4.8-2)$$

其中τ_c、σ_c、x应按式（6.4.8-3）、式（6.4.8-4）及式（5.4.9-6）计算：

$$\frac{V_d}{N_d} = \frac{0.95\tau_c\left[bx + (b'_{f,s} - b)h'_f\right]}{\phi_c\left\{\sigma_c\left[bx + (b'_f - b)h'_f\right] - N_{spd,c}\right\}} \quad (6.4.8\text{-}3)$$

$$e = \frac{\sigma_c\left[bx\left(h_0 - \frac{x}{2}\right) + (b'_f - b)h'_f\left(h_0 - \frac{h'_f}{2}\right)\right] - N_{spd,c}(h_0 - h_{spd,c})}{\sigma_c\left[bx + (b'_f - b)h'_f\right] - N_{spd,c}} \quad (6.4.8\text{-}4)$$

6.4.9 剪压区为弓形的圆形和环形截面大偏心受压构件接缝截面（图6.4.9），抗剪弯承载力应满足式（6.4.9-1）、式（6.4.9-2）的要求：

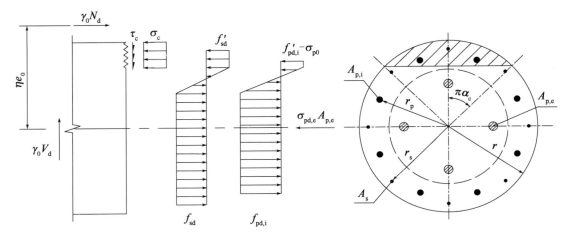

图6.4.9 剪压区为弓形的圆形和环形截面大偏心受压构件接缝截面抗剪弯承载力计算图式

$$\gamma_0 V_d \leq 0.95\alpha_c \tau_c A_c \left(1 - \frac{\sin 2\pi\alpha_c}{2\pi\alpha_c}\right) \quad (6.4.9\text{-}1)$$

$$\gamma_0 N_d \eta e_0 \leq \phi_c \left(\sigma_c A_c r \frac{2\sin^3\pi\alpha_c}{3\pi} + M_{spd,cc}\right) \quad (6.4.9\text{-}2)$$

其中τ_c、σ_c、α_c应按式（6.4.9-3）、式（6.4.9-4）及式（5.4.9-6）计算：

$$\frac{V_d}{N_d} = \frac{0.95\alpha_c \tau_c A_c \left(1 - \frac{\sin 2\pi\alpha_c}{2\pi\alpha_c}\right)}{\phi_c\left[\alpha_c \sigma_c A_c \left(1 - \frac{\sin 2\pi\alpha_c}{2\pi\alpha_c}\right) + N_{spd,cc}\right]} \quad (6.4.9\text{-}3)$$

$$\eta e_0 = \frac{\sigma_c A_c r \frac{2\sin^3\pi\alpha_c}{3\pi} + M_{spd,cc}}{\alpha_c \sigma_c A_c \left(1 - \frac{\sin 2\pi\alpha_c}{2\pi\alpha_c}\right) + N_{spd,cc}} \quad (6.4.9\text{-}4)$$

条文说明

圆形和环形截面大偏心受压构件接缝截面抗剪弯承载力计算公式的推导方法，同矩形和 T 形截面大偏心受压构件一样。

6.4.10 剪压区非弓形的环形截面大偏心受压构件接缝截面（图 6.4.10），抗剪弯承载力应满足式（6.4.10-1）、式（6.4.10-2）的要求：

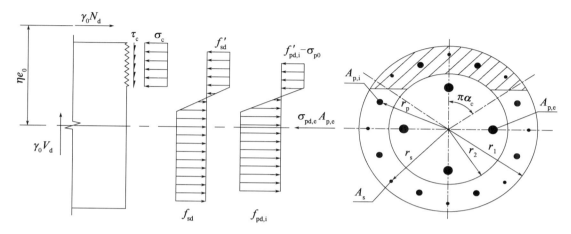

图 6.4.10 剪压区非弓形的环形截面大偏心受压构件接缝截面抗剪弯承载力计算图式

$$\gamma_0 V_d \leqslant 0.95\alpha_c \tau_c A_c \tag{6.4.10-1}$$

$$\gamma_0 N_d \eta e_0 \leqslant \phi_c \left[0.5\sigma_c A_c (r_1 + r_2) \frac{\sin\pi\alpha_c}{\pi} + M_{spd,cr} \right] \tag{6.4.10-2}$$

其中 τ_c、σ_c、α_c 应按式（6.4.10-3）、式（6.4.10-4）及式（5.4.9-6）计算：

$$\frac{V_d}{N_d} = \frac{0.95\alpha_c \tau_c A_c}{\phi_c (\alpha_c \sigma_c A_c + N_{spd,cr})} \tag{6.4.10-3}$$

$$\eta e_0 = \frac{0.5\sigma_c A_c (r_1 + r_2) \frac{\sin\pi\alpha_c}{\pi} + M_{spd,cr}}{\alpha_c \sigma_c A_c + N_{spd,cr}} \tag{6.4.10-4}$$

当 $\alpha_c < \arccos[2r_1/(r_1+r_2)]/\pi$ 时，抗剪弯承载力应按本规范第 6.4.9 条的规定计算。

6.5 持久状况正常使用极限状态计算

6.5.1 节段预制拼装预应力混凝土受压构件弹性阶段计算时，预应力钢筋对截面几何特征的影响应符合本规范第 5.5.1 条的规定。

6.5.2 节段预制预应力混凝土受压构件不应按 B 类预应力混凝土设计；当构件无纵向连续普通钢筋时，应按全预应力混凝土设计。

6.5.3 节段预制拼装混凝土受压构件应按持久状况正常使用极限状态要求，对接缝位置截面进行抗裂验算，对构件进行挠度验算。

6.5.4 预应力钢筋的锚下张拉控制应力、预应力损失等计算应符合本规范第5.5.4条~第5.5.7条的规定。

6.5.5 节段预制拼装预应力混凝土受压构件的接缝位置，可按本规范第5.5.8条的规定进行抗裂验算。

6.5.6 钢筋混凝土受压构件接缝截面最大裂缝宽度计算，可按现行《公路钢筋混凝土及预应力混凝土桥涵设计规范》（JTG 3362）的规定。

6.5.7 预制拼装混凝土大偏心受压构件的挠度验算，应符合现行《公路钢筋混凝土及预应力混凝土桥涵设计规范》（JTG 3362）的规定。

条文说明

由于预制拼装墩柱等大偏心受压构件的接缝数量比节段预制拼装箱梁等受弯构件少很多，接缝对大偏心受压构件挠度影响相对较小，故挠度验算仍采用现行《公路钢筋混凝土及预应力混凝土桥涵设计规范》（JTG 3362）的规定。

6.6 持久状况和短暂状况的构件接缝位置应力计算

6.6.1 在持久状况设计时，节段预制拼装预应力混凝土受压构件应计算其使用阶段接缝位置的正截面混凝土压应力和斜截面混凝土主压应力、受拉区预应力钢筋拉应力，并不应超过本规范的规定。

6.6.2 在短暂状况设计时，节段预制拼装混凝土受压构件应根据制作、运输及安装等施工阶段，计算其由自重、施工荷载等引起在接缝位置的正截面和斜截面混凝土应力，并不应超过本规范规定的限值。

6.6.3 在使用阶段作用标准值组合下，节段预制拼装预应力混凝土受压构件的接缝位置混凝土压应力、预应力钢筋的拉应力，应符合本规范第5.6.3条和第5.6.4条的规定。

6.6.4 在自重和施工荷载等作用下，构件接缝位置的混凝土应力应符合本规范第5.6.5条~第5.6.9条的规定。

7 抗震设计

7.1 一般规定

7.1.1 本章适用于基本地震动峰值加速度为 0.1g 及 0.1g 以下地区装配式混凝土桥梁的抗震设计。基本地震动峰值加速度为 0.1g 以上时，宜采用减隔震措施。

条文说明

不同接缝类型、外加轴压比、预加轴压比、耗能钢筋用量等预制桥墩抗震性能的研究主要集中在基本地震动峰值加速度为 0.1g 及 0.1g 以下地区，中高烈度区的研究较少，本章规定是基于目前有限的试验数据及工程应用实例，故本条对本章的适用范围进行了界定。

减隔震设计利用设置在桥梁上的减隔震装置，通过增大结构体系阻尼和（或）周期，降低结构地震响应，达到预期的防震要求。对于基本地震动峰值加速度为 0.1g 以上地区的装配式桥梁，当传统的延性设计难以满足抗震需求时，推荐在桥梁上部结构和下部结构之间设置减隔震系统，降低结构的地震反应。

7.1.2 装配式混凝土桥梁的下部结构体系和接缝选型应满足抗震设防的需求。

条文说明

现有装配式混凝土桥墩体系中可供使用的连接方式繁多，采用不同连接方式形成的装配式桥墩在抗震性能方面的表现不尽相同，下部结构体系和接缝的选型需结合抗震设防的需求确定。

7.1.3 装配式混凝土桥梁抗震分析方法应符合现行《公路工程抗震规范》（JTG B02）和《公路桥梁抗震设计规范》（JTG/T 2231-01）的规定。

7.1.4 装配式混凝土桥梁在 E1 和 E2 地震作用下的抗震分析，应按现行《公路桥梁抗震设计规范》（JTG/T 2231-01）的规定建立桥梁结构的空间动力计算模型，并应对接缝的力学特性进行模拟。

条文说明

装配式混凝土桥墩采用除湿接缝和承插式以外的连接形式时，在地震作用下墩底破坏主要集中在接缝的张开闭合以及接缝处混凝土的局部压碎破坏，因此装配式桥墩模拟的重点包括对接缝力学特性的模拟。目前接缝区域的模拟主要有三种方法：第一种是忽略未贯穿接缝的钢筋的作用，将实际接缝的集中变形处理为分散于整个构件受拉侧的变形；第二种是采用与接缝实际高度等长的素混凝土柱来模拟；第三种是并联弹簧模型。

7.1.5 装配式混凝土墩柱、系梁可作为延性构件设计，桥梁基础、盖梁、支座、梁体和节点宜作为能力保护构件，墩柱的抗剪强度宜按能力保护原则设计。

条文说明

依据现行《公路桥梁抗震设计规范》（JTG/T 2231-01）的规定，按延性抗震设计的桥梁，地震作用下利用桥梁墩柱发生塑性变形，延长结构周期，耗散地震能量。对这类结构，需考虑以下几个方面：

（1）允许发生塑性变形的耗能部位一般选择在墩柱上，墩柱按延性构件设计，可以发生弹塑性变形，耗散地震能量。

（2）墩柱的设计剪力值按能力保护设计原则进行计算，为与墩柱的极限弯矩（考虑超强系数）所对应的剪力。在计算剪力设计值时，考虑所有塑性铰位置以确定最大的设计剪力。

（3）盖梁、节点及基础按能力保护构件设计，其设计弯矩、设计剪力和设计轴力为与墩柱的极限弯矩（考虑超强系数）所对应的弯矩、剪力和轴力。在计算盖梁、节点及基础的设计弯矩、设计剪力和设计轴力时，考虑所有塑性铰位置以确定最大的设计弯矩、设计剪力和设计轴力。

7.2 抗震验算

7.2.1 装配式混凝土桥墩的抗震性能验算应符合下列规定：

1 采用延性设计时，装配式混凝土桥墩应进行 E1 地震作用及 E2 地震作用下的抗震分析和抗震验算，验算准则应满足表 7.2.1 的要求。

表 7.2.1 采用延性设计时装配式混凝土桥墩的抗震性能验算准则

验算内容	抗震设防水准	
	E1 地震作用	E2 地震作用
强度	按本规范第 6.4 节进行装配式混凝土桥墩的承载力计算	按本规范第 7.2.4 条、第 7.2.5 条进行装配式混凝土桥墩抗剪承载能力验算
变形	—	按本规范第 7.2.6 条～第 7.2.9 条进行装配式混凝土桥墩塑性变形能力验算

2 采用减隔震设计时，装配式混凝土桥墩可只进行 E2 地震作用下的抗震分析和抗震验算，按本规范第 6.4 节进行装配式混凝土桥墩的承载力计算，并按现行《公路桥梁抗震设计规范》（JTG/T 2231-01）进行隔震装置的验算。

条文说明

采用延性设计时，装配式混凝土桥墩需要满足现行《公路桥梁抗震设计规范》（JTG/T 2231-01）的规定，即：E1 地震作用下装配式混凝土桥墩一般不受损伤或不需修复即可继续使用，意味着 E1 地震作用下要求装配式混凝土桥墩保持弹性，基本无损伤，需要校核其强度；在 E2 地震作用下，装配式混凝土桥墩通常为延性构件，可以进入塑性工作，因此需要验算其极限变形能力是否满足要求。

对于采用减隔震设计的桥梁，即使在 E2 地震作用下，桥梁的耗能部位也位于桥梁上、下部连接构件（支座、耗能装置），上部结构、桥墩和基础基本不受损伤，保持在弹性状态，因此没有必要再进行 E1 地震作用下的抗震计算。

减隔震装置是减隔震桥梁中的重要组成部分，需具有设计要求的性能，因此，需按现行《公路桥梁抗震设计规范》（JTG/T 2231-01）进行验算。

7.2.2 在进行装配式混凝土桥墩抗震分析时，应满足下列要求：

1 E1 地震作用下，墩身抗弯刚度应按全截面计算，并宜计入墩身内的灌浆套筒对墩身刚度的影响。采用预应力钢筋连接的装配式混凝土桥墩以及其他构件的抗弯刚度应按全截面计算。

2 E2 地震作用下，采用等效线弹性方法计算时，装配式混凝土桥墩的有效截面抗弯刚度宜按式（7.2.2）计算。

$$E_c I_{eff} = \frac{M_y}{\phi_y} \qquad (7.2.2)$$

式中：E_c——桥墩的混凝土弹性模量（kN/m^2）；

I_{eff}——桥墩有效截面抗弯惯性矩（m^4）；

M_y——桥墩等效屈服弯矩（$kN \cdot m$）；

ϕ_y——桥墩等效屈服曲率（m^{-1}）。

条文说明

E1 地震作用下结构在弹性范围工作，关注的是结构的承载力，在此情况下可以近似偏于安全地取桥墩的全截面刚度进行抗震分析，因为取全截面刚度计算出的结构周期相对较短、计算出的地震力偏大，对抗震设计来说是偏安全的。当预制混凝土桥墩采用灌浆套筒连接时，考虑到密集布置的套筒对接缝附近区域刚度有增大影响，因此建议 E1 地震作用下偏保守地采用换算截面法计入套筒的影响。而 E2 地震作用下，容许结构进入弹塑性工作状态，关注的是结构的变形，此时延性构件采用开裂后的有效截面抗弯刚度，以保证不会过低估计结构的变形，建议忽略灌浆连接套筒对墩柱刚度的影响。

本规范表 6.1.1 中列举了目前装配式混凝土桥墩预制节段常用的连接方式，其中采用灌浆套筒、灌浆波纹钢管、承插式、插槽式以及湿接缝连接的装配式桥墩，通过精心设计和良好措施保证，实现现场连接后形成的预制桥墩能够在包括水平承载力、变形能力、刚度、耗能能力等抗震性能与传统意义的现浇桥墩保持相同或相似，这一类装配式混凝土桥墩的抗弯刚度可借鉴现浇桥墩的公式进行计算。而采用预应力钢筋施加后张预应力的连接形式，预制桥墩在地震作用下的非线性转动主要集中在摇摆节点，主要表现为节点接缝的张开与闭合，避免了在墩底形成塑性铰区，保证即使在大震下预制构件混凝土的拉应力仍处于较低的水平，从而减小了预制构件本身的受拉损伤，其抗弯刚度可以采用全截面计算。

7.2.3 采用承插式、插槽式、湿接缝、预埋于承台或盖梁内的灌浆套筒以及灌浆波纹钢管连接的装配式混凝土桥墩，当弯曲破坏控制时，其塑性铰区域抗剪强度宜符合下列规定：

1 墩身节段顺桥向、横桥向的斜截面抗剪强度宜按式（7.2.3-1）~式（7.2.3-6）验算：

$$V_{c0} \leq \phi(V_c + V_s) \quad (7.2.3\text{-}1)$$

$$V_c = 0.1 v_c A_e \quad (7.2.3\text{-}2)$$

$$v_c = \begin{cases} 0, & P_c \leq 0 \\ \lambda\left(1 + \dfrac{P_c}{13.8 A_g}\right)\sqrt{f_{cd}} \leq \begin{cases} 0.355\sqrt{f_{cd}} \\ 1.47\lambda\sqrt{f_{cd}} \end{cases}, & P_c > 0 \end{cases} \quad (7.2.3\text{-}3)$$

$$0.03 \leq \lambda = \dfrac{\rho_s f_{kh}}{10} + 0.38 - 0.1\mu_\Delta \leq 0.3 \quad (7.2.3\text{-}4)$$

$$\rho_s f_{kh} = \begin{cases} \dfrac{4 A_{sp}}{s D'}, & \text{圆形截面} \\ \dfrac{2 A_v}{bs}, & \text{矩形截面} \end{cases} \leq 2.4 \quad (7.2.3\text{-}5)$$

$$V_s = \begin{cases} 0.1 \times \dfrac{\pi}{2} \dfrac{A_{sp} f_{kh} D'}{s}, & \text{圆形截面} \\ 0.1 \times \dfrac{A_v f_{kh} h_0}{s}, & \text{矩形截面} \end{cases} \leq 0.08\sqrt{f_{cd}} A_e \quad (7.2.3\text{-}6)$$

式中：V_{c0}——剪力设计值（kN），应根据现行《公路桥梁抗震设计规范》（JTG/T 2231-01）的规定按能力保护原则计算；

V_c——塑性铰区混凝土的抗剪能力贡献（kN）；

V_s——横向钢筋的抗剪能力贡献（kN）；

v_c——塑性铰区混凝土抗剪强度（MPa）；

f_{cd}——混凝土抗压强度设计值（MPa）；

A_e——核心混凝土面积（cm²），可取 $A_e = 0.8A_g$；

A_g——墩柱塑性铰区域截面全面积（cm²）；

μ_Δ——墩柱位移延性系数，为墩柱地震位移需求 Δ_d 与墩柱塑性铰屈服时的位移 Δ_y 之比；

P_c——墩柱截面最小轴压力（kN）；

A_{sp}——螺旋箍筋面积（cm²）；

A_v——计算方向上箍筋面积总和（cm²）；

s——箍筋的间距（cm）；

f_{kh}——箍筋抗拉强度标准值（MPa）；

b——墩柱的宽度（cm）；

D'——螺旋箍筋环的直径（cm）；

h_0——核心混凝土受压边缘至受拉侧钢筋重心的距离（cm）；

ϕ——抗剪强度折减系数，$\phi = 0.85$；

λ——混凝土抗剪强度修正系数。

2 墩身塑性铰区域接缝的抗剪强度宜通过有限元模拟或试验研究确定。

条文说明

试验研究表明，装配式桥墩抗剪校核包含预制墩柱节段自身和拼接缝的校核。

根据国内外共计24个预制桥墩试件的拟静力试验结果，当剪跨比为4～6.42时，采用灌浆套筒或灌浆波纹管连接的预制试件最终均出现核心混凝土压溃、受拉主筋断裂或主筋受压屈曲，均为弯曲破坏，未出现接缝截面的剪切滑移破坏。因此，当剪跨比较大时，采用灌浆套筒或灌浆波纹管连接的预制桥墩在往复荷载作用下的强度由抗弯能力控制。根据文献《套筒连接的预制拼装桥墩抗剪性能试验》[王志强等，同济大学学报（自然科技板），2018年第46卷第6期]，当剪跨比小于2时，采用钢筋灌浆套筒连接且套筒预埋于承台的预制试件进行拟静力试验，最终破坏模式为弯剪破坏，且实测抗剪承载能力与现浇试件较为接近，可以参照现行《公路桥梁抗震设计规范》（JTG/T 2231-01）中的方法进行E2地震作用下预制墩柱斜截面抗剪承载能力计算。

根据国内外采用承插式连接的预制桥墩试件拟静力试验结果，当剪跨比为3～5.83时，墩柱埋入深度以及接缝承载力使得破坏仅出现在墩柱，并且其抗震性能与传统意义的现浇桥墩保持相同或相近，可以参照现行《公路桥梁抗震设计规范》（JTG/T 2231-01）中的方法进行E2地震作用下预制墩柱斜截面抗剪承载能力计算。

7.2.4 采用预应力连接的装配式混凝土桥墩塑性铰区域抗剪强度，宜通过有限元模拟或试验研究确定。

7.2.5 对于高宽比小于2.5的预制拼装混凝土矮墩柱，可不验算墩柱的变形，但应将其顺桥向和横桥向E2地震作用效应和永久作用效应组合后，按本规范第6.4节规定验算墩柱的强度。

条文说明

震害调查表明，矮墩的地震损伤主要破坏模式为剪切破坏，属脆性破坏，因此要求E2地震作用下，高度较矮及高宽比小于2.5的装配式桥墩，一般不作为延性构件设计，需要验算其抗弯和抗剪承载力，不需要验算其变形能力。

7.2.6 E2地震作用下，顺桥向和横桥向桥墩墩顶的位移或桥墩潜在塑性铰区域塑性转动能力应满足式（7.2.6-1）、式（7.2.6-2）的要求：

$$\Delta_d \leq \Delta_u \quad (7.2.6\text{-}1)$$

$$\theta_p \leq \theta_u \quad (7.2.6\text{-}2)$$

式中：Δ_d——E2地震作用下墩顶的位移（cm）；

Δ_u——桥墩容许位移（cm），可按本规范第7.2.7条、第7.2.8条的规定计算；

θ_p——E2地震作用下，潜在塑性铰区域的塑形转角（rad）；

θ_u——塑性铰区域的最大容许转角，按本规范第7.2.7条、第7.2.8条的规定计算。

7.2.7 在E2地震作用下，采用灌浆套筒、灌浆波纹钢管（套筒预埋于承台或盖梁内）、承插式、插槽式和湿接缝连接时，装配式混凝土单柱墩的容许位移可按式（7.2.7-1）~式（7.2.7-4）计算：

$$\Delta_u = \frac{1}{3}H^2\phi_y + \left(H - \frac{L_p}{2}\right)\theta_u \quad (7.2.7\text{-}1)$$

$$L_{p1} = 0.08H + 0.022 f_y d_s \geq 0.044 f_y d_s \quad (7.2.7\text{-}2)$$

$$L_{p2} = \frac{2}{3}b \quad (7.2.7\text{-}3)$$

$$L_p = \min(L_{p1}; L_{p2}) / \phi_p \quad (7.2.7\text{-}4)$$

式中：H——悬臂墩的高度或塑性铰截面到反弯点的距离（cm）；

ϕ_y——截面等效屈服曲率（1/cm），可按现行《公路桥梁抗震设计规范》（JTG/T 2231-01）的规定计算；

θ_u——塑性铰区域的最大容许转角（rad）；

L_p——等效塑性铰长度（cm）；

L_{p1}——根据纵向钢筋确定的等效塑性铰长度（cm）；

L_{p2}——根据截面尺寸确定的等效塑性铰长度（cm）；

b——矩形截面的短边尺寸或圆形截面的直径（cm）；

f_y——纵向钢筋抗拉强度标准值（MPa）；

d_s——纵向钢筋的直径（cm）；

ϕ_p——等效塑性铰长度折减系数，当采用灌浆套筒、灌浆波纹钢管连接，且套筒、波纹管预埋于承台内时，$\phi_p=1.5$，其余情况 $\phi_p=1.0$。

7.2.8 塑性铰区域的最大容许转角应按式（7.2.8）计算：

$$\theta_u = L_p(\phi_u - \phi_y)/K_{ds} \qquad (7.2.8)$$

式中：ϕ_u——极限屈服曲率（1/cm），可按现行《公路桥梁抗震设计规范》（JTG/T 2231-01）的规定计算；

K_{ds}——延性安全系数，可取 2.0。

条文说明

7.2.6～7.2.8 根据对国内外 9 组装配式混凝土桥墩拟静力试验结果的统计分析，采用灌浆套筒、灌浆波纹管连接的预制试件与整体现浇试件损伤过程、破坏模式总体上接近，滞回环、骨架曲线、等效刚度、滞回耗能、残余变形发展趋势基本一致，且峰值荷载相当，但装配式混凝土桥墩存在接缝张开现象，最大曲率集中于接缝附近，破坏主要集中在接缝附近，相较于现浇试件，预制试件墩顶极限位移偏小，等效塑性铰长度较小。若仍按《公路桥梁抗震设计规范》（JTG/T 2231-01—2020）第 7.4.4 条计算桥墩容许位移，现浇试件墩顶位移的安全系数为 1.06～1.83，平均值为 1.44；当套筒/波纹管预埋于承台内，预制试件墩顶位移的安全系数为 0.81～1.71，平均值为 1.24；当套筒预埋于墩柱内，预制试件墩顶位移的安全系数为 0.88～1.59，平均值为 1.24。相较于现浇试件，预制试件墩顶位移安全系数偏小。

由于套筒预埋于墩柱中塑性铰的形成机理与传统现浇桥墩有较大区别，套筒位置刚度大，套筒范围内裂缝很少，破坏区域集中在墩底接缝及套筒顶部，套筒顶部可能形成第二塑性铰，且相应的试验数据较少，仅针对套筒/波纹管预埋于承台中的情况进行统计分析。各试验中现浇试件与对应预制试件的实测等效塑性铰长度之比为 1.13～2.0，中值为 1.5（表 7-1）。因此，采用钢筋灌浆套筒、钢筋灌浆波纹管连接的预制桥墩，按《公路桥梁抗震设计规范》（JTG/T 2231-01—2020）第 7.4.4 条计算等效塑性铰长度，建议在等效塑性铰长度计算公式中引入折减系数 1.5。

表 7-1 预制试件与现浇试件等效塑性铰长度实测结果对比表

试件编号	连接形式	套筒、波纹管预埋位置	L_p（实测）	$\dfrac{L_p（现浇）}{L_p（预制）}$
2	灌浆套筒	承台	15	2.00
3	灌浆套筒	墩柱	20	1.50
C1	灌浆套筒	承台	20	1.50
C2	灌浆套筒	承台	20	1.50
C3	灌浆套筒	承台	20	1.50
D1	灌浆波纹管	承台	20	1.50

续表 7-1

试件编号	连接形式	套筒、波纹管预埋位置	L_p（实测）	$\dfrac{L_p（现浇）}{L_p（预制）}$
D2	灌浆波纹管	承台	20	1.50
D3	灌浆波纹管	承台	20	1.50
precast 1	灌浆套筒	承台	20.3	1.50
precast 2	灌浆套筒	墩柱	25.4	1.20
2	灌浆套筒	承台	15	2.67
3	灌浆波纹管	承台	25	1.60
BBPC-1	灌浆波纹管	承台	23.0	1.13
PRC-H14	灌浆波纹管	承台	31.1	1.47

对预制桥墩试件等效塑性铰长度进行折减之后，按《公路桥梁抗震设计规范》（JTG/T 2231-01—2020）中传统现浇混凝土延性计算的相关公式计算，各预制试件塑性铰区域转角的安全系数最小值接近2.0，各预制试件塑性铰区域墩顶位移的安全系数增大到1.09～2.35，平均值增加到1.69，预制试件塑性铰区域最大容许转角、墩顶极限位移的安全系数基本达到了相应现浇试件的水平。

7.2.9 在E2地震作用下，对于双柱式、排架式装配式桥墩，其顺桥向的容许位移可按本规范第7.2.7条计算，横桥向的容许位移（图7.2.9）可在盖梁处施加水平力F，进行非线性静力分析，当墩柱任一塑性铰达到其最大容许转角时，盖梁处的横向水平位移即为容许位移。采用预应力钢筋连接的装配式桥墩，其顺桥向、横桥向的容许位移也可采用此方法进行计算。

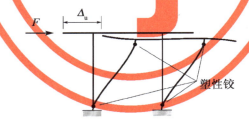

图7.2.9 框架墩

条文说明

对于双柱式、排架式墩横桥向，以及采用预应力钢筋连接的装配式桥墩，由于很难根据塑性铰转动能力直接给出计算墩顶容许位移的计算公式，建议采用推导分析方法，计算墩顶容许位移。

7.2.10 装配式混凝土桥梁采用延性设计时，应按现行《公路桥梁抗震设计规范》

（JTG/T 2231-01）的规定进行支座验算。

7.2.11 装配式混凝土桥梁基础应按现行《公路桥梁抗震设计规范》（JTG/T 2231-01）的规定进行抗震验算。

7.3 抗震措施

7.3.1 位于地震动峰值加速度0.1g以上地区的桥梁，灌浆套筒宜设置在承台或盖梁中。位于地震动峰值加速度0.1g及0.1g以下地区的桥梁，灌浆套筒设置在墩身且其位于潜在塑性铰区域内时，箍筋加密区的长度不应小于连接套筒的高度加5d（连接套筒外径）范围。

条文说明

根据相关研究结果，灌浆套筒预埋在承台中时塑性铰行为与现浇桥墩试件更为相近，塑性铰区裂缝分布均匀，后期裂缝开展集中在接缝附近。灌浆套筒预埋在墩柱内时，装配式桥墩试件在套筒位置刚度大，套筒高度范围内裂缝很少，裂缝集中于接缝和套筒顶部2个区域，在套筒顶部可能形成第二塑性铰，其变形、破坏机制与传统现浇桥墩不同。灌浆套筒预埋在墩柱内的装配式混凝土桥墩试件样本数较少，其变形能力、破坏机制尚无深入的研究，因此，建议将灌浆套筒设置在承台或盖梁中。

若将套筒设置在墩柱中，考虑到对墩柱自身局部刚度的影响，为确保预制墩柱具有足够的延性变形能力和抗剪能力，避免塑性铰区域套筒处箍筋配筋率的突变，箍筋减少需缓慢变化。

7.3.2 采用预应力钢筋连接的装配式混凝土桥墩，宜根据抗震需求设置耗能钢筋。有黏结预应力钢筋和耗能钢筋在潜在塑性铰区域内接缝处，宜设置一定长度的无黏结段。

条文说明

研究表明，当耗能钢筋用量过大时，节段预制拼装桥墩在地震作用下的损伤也增大，残余位移提高，为了确保预制桥墩的自复位能力，耗能钢筋对水平承载力的贡献率λ_{ED}不能超过35%，λ_{ED}按式（7-1）计算：

$$\lambda_{ED} = \frac{V_{exp} - V_{exp0}}{V_{exp}} \tag{7-1}$$

式中：V_{exp}——设置耗能钢筋后能承受的最大水平荷载（kN），根据push-over分析计算；

V_{exp0}——不设置耗能钢筋时能承受最大水平荷载（kN）。

多项研究提出，为了防止墩底接缝处有黏结预应力钢筋和耗能钢筋在地震作用下因接缝反复开合而发生低周疲劳破坏，导致过早拉断，建议在墩底接缝附近设置无黏结段。无黏结段长度可以根据抗震需求确定，必要时也可以开展装配式桥梁下部结构的接缝连接构造低周疲劳性能的试验研究。

7.3.3 采用全预应力钢筋连接的装配式混凝土桥墩宜在接缝处增设剪力键或抗剪销。

条文说明

对于采用预应力钢筋连接的节段预制拼装桥墩，若不设置剪力键或抗剪销，节段接缝面的抗剪承载力较低，为避免因底节段损伤造成桥墩在地震作用下发生难以修复的剪切破坏，建议在接缝处增设剪力键。剪力键的设置可以参考节段预制箱梁剪力键的构造要求。

7.3.4 采用无黏结预应力连接的装配式混凝土桥墩，预应力钢筋的初张力不宜超过其屈服应力的0.6倍，墩身轴压比不宜大于0.2。

条文说明

研究结果表明，预应力钢筋初张力为0.4~0.6倍屈服应力，总轴压比（结构自重和预应力共同作用下）在0.2左右时，无黏结预应力节段拼装桥墩抗震性能最优。此时，预制拼装桥墩具有良好的自复位能力，在地震作用下预应力钢束处于弹性阶段。

7.3.5 装配式混凝土桥梁上部结构搭接长度、防落梁、防碰撞、限位装置等抗震措施，应符合现行《公路桥梁抗震设计规范》（JTG/T 2231-01）的规定。

附录 A 吊点设计

A.0.1 预制构件的吊点可采用预埋钢筋吊环、预埋钢绞线吊环、预留吊装孔、预埋吊耳等形式。

A.0.2 吊点设计除应进行吊件在拉拔、剪切和拉剪耦合三种受力状态下自身强度验算外，尚应对预埋吊件的各种锚固破坏形态进行验算。验算时，作用应考虑各种不利荷载的基本组合，作用分项系数应取1.0。

条文说明

吊件在吊装过程中受力比较复杂，尤其对于存在翻转工况的预制墩柱，是在拉力和剪力耦合作用下的受力状态，因此需要对吊件在受拉、受剪和拉剪耦合作用下的自身强度进行验算。此外还需保证吊件的锚固，不能出现锚固破坏。锚固的破坏形态包括混凝土锥体受拉破坏、混凝土边缘受剪破坏、混凝土劈裂破坏及混合破坏等，对于刚性的吊件还可能发生混凝土剪撬破坏，因此需要对每种锚固破坏形态进行验算，避免锚固失效。一般情况下可以通过构造规定，避免出现锚固破坏；也可以参考现行《混凝土结构后锚固技术规程》（JGJ 145）对其进行验算。值得注意的是现行《混凝土结构后锚固技术规程》（JGJ 145）只适用于锚栓和植筋的验算，并不适合柔性吊件的锚固验算，因此本规范给出预埋钢绞线吊环的一些构造要求，以避免其发生锚固破坏。

吊点的验算属于承载能力极限状态验算，作用组合采用基本组合，作用分项系数取1.0。

A.0.3 预埋钢筋吊环应采用HPB300钢筋制作，并应符合下列规定：

1 钢筋锚入预制构件中的深度不应小于35倍吊环直径，端部应做成180°弯钩，且应与构件内钢筋焊接或绑扎。

2 每个吊环应按两肢截面计算，在构件自重标准值作用下，吊环的拉应力不应大于65MPa。

3 吊环内直径不应小于3倍钢筋直径，且不应小于60mm。

A.0.4 预埋钢绞线吊环宜采用现行《预应力混凝土用钢绞线》（GB/T 5224）的公

称直径为15.2mm的高强度低松弛钢绞线，并应符合下列规定：

1 吊环宜采用2~3根钢绞线一组进行弯制。

2 钢绞线吊环宜伸出预制构件200mm以上，伸出部分宜采用2mm厚以上的镀锌管进行包裹。钢绞线吊环的弯曲半径不应小于80mm。锚固端应按P锚设置，埋深应大于1m。钢绞线端部应布设钢丝网片进行加强。

3 只存在垂直吊工况时，钢绞线的拉应力不应大于350MPa。

4 存在翻转工况，翻转次数不大于3次时，钢绞线的拉应力不应大于280MPa；翻转次数超过3次时，吊环的允许应力应通过现场同工况试验确定，安全系数不应小于3。

5 每个吊环应按两肢截面计算。

条文说明

国内对于钢绞线吊环的承载能力进行了实测研究，研究中采用的钢绞线为直径15.2mm的高强度低松弛钢绞线，钢绞线埋深为1.2m、1.0m和0.8m。三种埋深下，混凝土只在表面发生破碎现象，范围小，深度浅，且钢绞线均断裂于混凝土以上吊点范围内，未断于混凝土内。埋深0.8m时，40t拉力断裂；埋深1.0m时，46t拉力断裂；埋深1.2m时，36t拉力断裂。参考欧洲规范对试验值的规定，对于少次试验，可根据变异系数对试验的平均值进行折减作为特征值。根据相关文献，取平均值为40t进行计算，乘以0.7的折减系数，即40×0.7=28t，考虑安全系数为3，每根钢绞线为两个截面受力，则应力控制值为28×10÷2÷3÷140×1000=333MPa，与本规范给出的算法一致，即屈服强度×折减系数=0.85×1860×0.22=347MPa，取为350MPa。

对于预制墩柱的翻转工况，试验结果表明，翻转工况时混凝土的破碎仅发生在钢绞线与混凝土的接触部位。相比于起吊工况下的钢绞线最大承载力来说，经过翻转后钢绞线的最大承载力会削弱。翻转不大于3次时，取折减系数为0.8。

A.0.5 预埋吊耳应符合下列规定：

1 预埋锚固钢筋应采用HRB400以上钢筋，钢板及耳板宜采用Q355钢材。

2 预埋锚固钢筋的锚固长度应满足现行《公路钢筋混凝土及预应力混凝土桥涵设计规范》（JTG 3362）的要求。

3 锚固螺栓轴向抗拉承载力、吊耳的抗剪承载力及焊缝强度应按现行《钢结构设计标准》（GB 50017）进行验算。

A.0.6 当预制构件采用预留吊装孔吊装时，吊孔周边应进行钢筋补强。

A.0.7 当整孔预制混凝土梁采用捆绑吊时，吊索宜采用钢丝绳，吊索与构件间应采取保护措施。

A.0.8 预制构件的吊点距离预制构件边缘的最小边距应大于15cm，吊点处混凝土可根据现行《混凝土结构后锚固技术规程》（JGJ 145）进行强度验算。

A.0.9 当预制构件的吊点个数超过3个时，应按3个进行计算。

附录 B 活性粉末混凝土材料性能

B.0.1 活性粉末混凝土的强度等级应按边长为 100mm 的立方体抗压强度标准值确定。活性粉末混凝土原材料和制备方法、立方体抗压强度的测定应符合现行《活性粉末混凝土》（GB/T 31387）的规定。

条文说明

活性粉末混凝土为超高性能混凝土的一种，现行标准为《活性粉末混凝土》（GB/T 31387）。根据《混凝土结构工程施工质量验收规范》（GB 50204—2015）的规定，普通混凝土立方体的抗压强度标准值，当试件尺寸为 100mm 或集料最大粒径不大于 31.5mm 时，应乘以强度尺寸换算系数 0.95；当试件尺寸为 200mm 或集料最大粒径不大于 63mm 时，应乘以强度尺寸换算系数 1.05。国内外研究结果表明，活性粉末混凝土立方体抗压强度的尺寸效应不明显，因此，本规范沿用《活性粉末混凝土》（GB/T 31387—2015）的规定，立方体抗压强度标准值的测定，采用边长 100mm 的立方体试件作为标准试件。活性粉末混凝土强度等级的保证率取为 95%。

B.0.2 活性粉末混凝土轴心抗压强度标准值 f_{ck} 应按表 B.0.2 采用。

表 B.0.2 活性粉末混凝土轴心抗压强度标准值（MPa）

强度标准值	强度等级				
	UC100	UC120	UC140	UC160	UC180
f_{ck}	70	84	98	112	126

条文说明

立方体抗压强度标准值 $f_{cu,k}$ 是活性粉末混凝土各项力学性能指标的基本代表值。参照《公路钢筋混凝土及预应力混凝土桥涵设计规范》（JTG 3362—2018）及《活性粉末混凝土结构技术规程》（DBJ43/T 325—2017），活性粉末混凝土轴心抗压强度 f_{ck} 按式（B-1）计算确定：

$$f_{ck} = 0.88\alpha_1\alpha_2 f_{cu,k} \tag{B-1}$$

式中：0.88——考虑实际工程构件与立方体试件活性粉末混凝土强度之间差异的折减系数；

α_1——脆性折减系数，活性粉末混凝土掺入了 2% 左右的钢纤维，其脆性明显低于普通混凝土，故取为 1.0；

α_2——棱柱体与立方体试件强度的比值，已有研究表明，其取值范围为 0.78 ~ 0.82，本规程近似取中值 0.80。

可得活性粉末混凝土轴心抗压强度计算公式（B-2）：

$$f_{ck} = 0.7 f_{cu,k} \tag{B-2}$$

B.0.3 活性粉末混凝土轴心抗压强度设计值 f_{cd} 应按表 B.0.3 采用。

表 B.0.3　活性粉末混凝土轴心抗压强度设计值（MPa）

强度设计值	强度等级				
	UC100	UC120	UC140	UC160	UC180
f_{cd}	48	59	68	77	87

条文说明

活性粉末混凝土轴心抗压强度设计值 f_{cd}，由混凝土轴心抗压强度标准值除以混凝土材料分项系数 γ_{fc}（取 1.45）获得。混凝土材料分项系数的取值，接近于按二级安全等级结构分析的脆性破坏构件目标可靠指标的要求。

B.0.4 活性粉末混凝土轴心抗拉强度标准值 f_{tk} 宜由试验确定，当无试验数据时，可按式（B.0.4-1）、式（B.0.4-2）计算：

$$f_{tk} = f_{t0,k}(1 + \alpha_f \lambda_f) \tag{B.0.4-1}$$

$$\lambda_f = \rho_f l_f / d_f \tag{B.0.4-2}$$

式中：f_{tk}——活性粉末混凝土轴心抗拉强度标准值（MPa）；

$f_{t0,k}$——活性粉末混凝土轴心抗拉开裂强度标准值（MPa），宜由试验确定，当无试验数据时，可按表 B.0.4 采用；

α_f——钢纤维对抗拉强度的影响系数，可取 0.15；

λ_f——钢纤维含量特征参数；

ρ_f——钢纤维体积率；

l_f——钢纤维长度（mm）；

d_f——钢纤维直径（mm）。

表 B.0.4　活性粉末混凝土轴心抗拉开裂强度标准值（MPa）

开裂强度标准值	强度等级				
	UC100	UC120	UC140	UC160	UC180
$f_{t0,k}$	4.5	5.5	6.5	7.5	8.5

条文说明

参照《公路钢筋混凝土及预应力混凝土桥涵设计规范》(JTG 3362—2018)、《纤维混凝土结构技术规程》(CECS 38—2004)及《活性粉末混凝土结构技术规程》(DBJ43/T 325—2017),以活性粉末混凝土轴心抗拉时基体的抗拉强度为其抗拉开裂强度,峰值强度为其轴心抗拉强度。由于实际工程中采用的钢纤维、混凝土原材料品种和养护方法较多,难以标准化,且抗拉强度测试时的离散性较大,故规定活性粉末混凝土轴心抗拉开裂强度宜根据工程所采用的材料由试验确定,当无试验数据时,给出了近似建议值。

已有研究结果表明活性粉末混凝土试件轴心抗拉开裂强度与边长100mm立方体试件抗压强度平均值之间的统计关系可按式(B-3)确定:

$$\mu_{t0} = 0.053\mu_{f100} \tag{B-3}$$

式中:μ_{t0}——实测活性粉末混凝土轴心抗拉开裂强度的平均值;

μ_{f100}——实测活性粉末混凝土抗压强度的平均值。

目前尚无工程实际结构中活性粉末混凝土实体轴心抗拉强度与试件轴心抗拉强度之间存在差异的测试数据,因此仍近似沿用抗压强度的相应系数值0.88,则构件混凝土轴心抗拉开裂强度标准值(保证率为95%)按式(B-4)计算:

$$f_{t0,k} = 0.88 \times 0.053\mu_{f100}(1 - 1.645\delta_{ft0}) \tag{B-4}$$

式中:δ_{ft0}——轴心抗拉开裂强度的变异系数,近似取与立方体抗压强度相同的值,得式(B-5):

$$f_{t0,k} = 0.88 \times 0.053 \left(\frac{f_{cu,k}}{1 - 1.645\delta_{fc}}\right)(1 - 1.645\delta_{fc}) = 0.047 f_{cu,k} \tag{B-5}$$

本规范以活性粉末混凝土轴心抗拉时基体的抗拉强度为其抗拉开裂强度,峰值强度为其轴心抗拉强度。根据《纤维混凝土结构技术规程》(CECS 38—2004)的规定,建议钢纤维对抗拉强度的影响系数α_f取0.15。按式(B.0.4)计算的典型参数下活性粉末混凝土轴心抗拉强度标准值见表B-1、表B-2。

表B-1 典型参数下活性粉末混凝土轴心抗拉强度标准值(MPa,钢纤维长径比60)

强度等级		UC100	UC120	UC140	UC160	UC180
ρ_f (%)	1.5	5.1	6.2	7.4	8.5	9.6
	2.0	5.3	6.5	7.7	8.9	10.0
	3.0	5.7	7.0	8.3	9.5	10.8
	4.0	6.1	7.5	8.8	10.2	11.6

表B-2 典型参数下活性粉末混凝土轴心抗拉强度标准值(MPa,钢纤维长径比100)

强度等级		UC100	UC120	UC140	UC160	UC180
ρ_f (%)	1.5	5.5	6.7	8.0	9.2	10.4
	2.0	5.9	7.2	8.5	9.8	11.1
	3.0	6.5	8.0	9.4	10.9	12.3
	4.0	7.2	8.8	10.4	12.0	13.6

B.0.5 活性粉末混凝土轴心抗拉强度设计值 f_{td} 宜由试验确定，当无试验数据时，可按式（B.0.5）计算。

$$f_{td} = f_{t0}(1 + \alpha_f \lambda_f) \quad (B.0.5)$$

式中：f_{td}——活性粉末混凝土轴心抗拉强度设计值（MPa）；

f_{t0}——活性粉末混凝土轴心抗拉开裂强度设计值（MPa），可按表 B.0.5 采用。

表 B.0.5 活性粉末混凝土轴心抗拉开裂强度设计值（MPa）

开裂强度设计值	强度等级				
	UC100	UC120	UC140	UC160	UC180
f_{t0}	3.1	3.8	4.5	5.2	5.9

条文说明

活性粉末混凝土轴心抗拉开裂强度设计值 f_{t0}，由轴心抗拉开裂强度标准值除以混凝土材料分项系数 γ_{fc}（取 1.45）计算。按式（B.0.5）计算的典型参数下活性粉末混凝土轴心抗拉强度设计值 f_{td} 见表 B-3、表 B-4。

表 B-3 典型参数下活性粉末混凝土轴心抗拉强度设计值（MPa，钢纤维长径比 60）

强度等级		UC100	UC120	UC140	UC160	UC180
ρ_f（%）	1.5	3.5	4.3	5.1	5.9	6.7
	2.0	3.7	4.5	5.3	6.1	7.0
	3.0	3.9	4.8	5.7	6.6	7.5
	4.0	4.2	5.2	6.1	7.1	8.0

表 B-4 典型参数下活性粉末混凝土轴心抗拉强度设计值（MPa，钢纤维长径比 100）

强度等级		UC100	UC120	UC140	UC160	UC180
ρ_f（%）	1.5	3.8	4.7	5.5	6.4	7.2
	2.0	4.0	4.9	5.9	6.8	7.7
	3.0	4.5	5.5	6.5	7.5	8.6
	4.0	5.0	6.1	7.2	8.3	9.4

B.0.6 活性粉末混凝土弹性模量 E_c 宜根据现行《活性粉末混凝土》（GB/T 31387）的相应规定进行测试，在没有测试结果的情况下可按表 B.0.6 采用。剪切变形模量 G_c 可取相应弹性模量值的 0.4 倍，泊松比宜按 0.2 采用。

表 B.0.6 活性粉末混凝土弹性模量（GPa）

弹性模量	强度等级				
	UC100	UC120	UC140	UC160	UC180
E_c	40.0	42.9	45.2	47.1	48.6

条文说明

已有研究结果表明，活性粉末混凝土的弹性模量受钢纤维掺量影响很小，可以不考虑钢纤维掺量对弹性模量的影响，活性粉末混凝土受压和受拉的弹性模量 E_c 的值仅根据强度等级 $f_{cu,k}$ 计算。与《公路钢筋混凝土及预应力混凝土桥涵设计规范》（JTG 3362—2018）建议的普通混凝土弹性模量计算公式对比分析表明，其计算弹性模量值不随混凝土强度等级变化（稳定在 41GPa 左右），与实际差异较大，参考《活性粉末混凝土结构技术规程》（DBJ43/T 325—2017），活性粉末混凝土受压和受拉的弹性模量 E_c 的值根据强度等级 $f_{cu,k}$ 按式（B-6）计算。

$$E_c = \frac{10^5}{1.5 + \frac{100}{f_{cu,k}}} \tag{B-6}$$

国内外研究结果表明，活性粉末混凝土的泊松比不随轴心抗压强度变化，因此取与普通混凝土泊松比相同的值；根据弹性材料力学可知，剪切模量约为相应弹性模量的 0.42 倍，参考《公路钢筋混凝土及预应力混凝土桥涵设计规范》（JTG 3362—2018）近似取为 0.4。

B.0.7 承载能力极限状态活性粉末混凝土设计轴心受压应力-应变关系按式（B.0.7-1）~式（B.0.7-3）确定：

$$\sigma_c = \begin{cases} f_{cd} \dfrac{\varepsilon}{\varepsilon_0} & (\varepsilon < \varepsilon_0) \\ f_{cd} & (\varepsilon_0 \leqslant \varepsilon \leqslant \varepsilon_{cu}) \end{cases} \tag{B.0.7-1}$$

$$\varepsilon_0 = f_{cd}/E_c \tag{B.0.7-2}$$

$$\varepsilon_{cu} = (4\,500 - 3f_{cu,k}) \times 10^{-6} \tag{B.0.7-3}$$

式中：ε_0——对应设计强度 f_{cd} 的活性粉末混凝土峰值压应变；

ε_{cu}——对应强度等级 $f_{cu,k}$ 的活性粉末混凝土极限压应变。

条文说明

活性粉末混凝土的受压应力-应变关系与普通混凝土和高强混凝土有所不同，其上升段基本接近线弹性。虽然活性粉末混凝土中含有钢纤维，增韧效果明显，其峰值应变和极限应变均明显大于普通混凝土，但随活性粉末混凝土强度等的提高，其峰值应力对应的应变逐渐增大、峰值应变与极限应变（一般指应力下降至峰值应力 85% 时的应变）间的差值逐渐减小，这一规律与普通混凝土相同（法国规范 NFP18-710—2016 规定的活性粉末混凝土极限应变约为峰值应变的 1.5 倍，与此规律不同，暂不考虑）。结合活性粉末混凝土的受压应力-应变关系上升段基本接近线弹性，对《混凝土结构设计规范》（GB 50010—2010）、《活性粉末混凝土结构技术规程》（DBJ43/T 325—2017）、*National addition to Eurocode 2—Design of concrete structures: specific rules for Ultra-High*

Performance Fibre-Reinforced Concrete（UHPFRC）（NFP18-710—2016）的表达式适当简化得到本条的公式。活性粉末混凝土的峰值应变特别是极限应变大小与钢纤维的体积掺量密切相关，随钢纤维体积掺量的增加，韧性增强、极限压应变增大。国内外研究结果表明，活性粉末混凝土的峰值应变为 3 364～4 110 微应变（普通混凝土约 2 000 微应变，高强混凝土约 3 000 微应变），极限压应变约为峰值应变的 1.1～1.4 倍，为 4 143～5 270 微应变。为简化计，本构关系中不再包含钢纤维掺量这一参数，取钢纤维掺量 2% 时的应变作为代表值。根据强度等级不同，偏安全地取活性粉末混凝土的极限压应变为 3 960～4 200。

B.0.8 承载能力极限状态活性粉末混凝土设计轴心受拉应力-应变关系按式（B.0.8-1）～式（B.0.8-3）确定：

$$\sigma_t = E_c \varepsilon_t \quad (\varepsilon_t < \varepsilon_{t0}) \quad (B.0.8\text{-}1)$$

$$\sigma_t = f_{td} \quad (\varepsilon_{t0} \leq \varepsilon_t \leq \varepsilon_{tu}) \quad (B.0.8\text{-}2)$$

$$\varepsilon_{t0} = f_{td}/E_c \quad (B.0.8\text{-}3)$$

式中：ε_{t0}——对应设计强度 f_{td} 的活性粉末混凝土峰值拉应变；

ε_{tu}——对应强度等级 $f_{cu,k}$ 的活性粉末混凝土极限拉应变，宜根据试验确定，当无试验数据时，可取 0.001。

条文说明

国内外研究结果表明，拉应力从 0 至峰值应力，活性粉末混凝土应力-应变关系接近线性，峰值应力后视钢纤维掺量的不同，表现为高掺量时的应变强化和低掺量时的应变软化。本规范规定钢纤维的掺量不小于 1.5%、不高于 4%，偏安全地取钢纤维掺量为 2% 时的极限拉应变作为代表值，对于钢纤维掺量大于 2% 的混凝土，也偏安全地取钢纤维掺量 2% 时的结果，且峰值应力后不考虑轴心受拉时的应变强化。因此，单轴受拉本构关系中不包含钢纤维掺量这一参数，且峰值应力后取水平直线，使应用趋于简便。极限轴拉应变的大小与钢纤维的种类和掺量密切相关。国内外研究结果表明极限轴拉应变为 400～2 000 微应变；钢纤维掺量 2% 时，为 1 000～2 000 微应变，变化范围较大。参考《活性粉末混凝土结构技术规程》（DBJ43/T 325—2017），本规范规定其值按活性粉末混凝土的试验结果确定，无试验数据时，偏安全取钢纤维掺量为 2% 时的极限拉应变作为代表值。

B.0.9 配筋活性粉末混凝土的重度应取 27kN/m³，温度线膨胀系数应取 1.1×10^{-5}/℃。

条文说明

普通配筋混凝土结构重度一般为 26kN/m³，活性粉末混凝土一般掺入 2% 左右的钢纤维，因此计算重度取27kN/m³。

各国活性粉末混凝土指南（规范）规定温度线膨胀系数值介于$1.0 \times 10^{-5} \sim 1.35 \times 10^{-5}/℃$。一般认为，活性粉末混凝土材料温度线膨胀系数大的水泥基材料含量高，线膨胀系数小的粗集料含量低或不含粗集料，故其线膨胀系数要高于普通混凝土的$1.0 \times 10^{-5}/℃$，低于钢材的$1.2 \times 10^{-5}/℃$，结合国内相关试验研究，线膨胀系数取为$1.1 \times 10^{-5}/℃$。

B.0.10 计算活性粉末混凝土徐变时，可假定徐变与混凝土应力呈线性关系。当缺乏实测数据和计算方法时，活性粉末混凝土徐变系数可按式（B.0.10）计算：

$$\phi(t, t_0) = \phi_0 \frac{(t-t_0)^{0.6}}{(t-t_0)^{0.6}+10} \quad (B.0.10)$$

式中：ϕ_0——徐变系数终极值，可参考表B.0.12取值；
　　　t_0——加载时的活性粉末混凝土龄期（d）；
　　　t——计算考虑时刻的活性粉末混凝土龄期（d）。

表B.0.10　活性粉末混凝土的徐变系数终极值

加载时的混凝土龄期（d）	徐变系数终极值 ϕ_0	
	常温保湿养护	湿热养护
4	1.80	0.50
7	1.70	0.48
14	1.50	0.42

条文说明

本条活性粉末混凝土徐变应变的计算参照《活性粉末混凝土结构技术规程》（DBJ43/T 325—2017）及法国活性粉末混凝土设计规范 [*National addition to Eurocode 2—Design of concrete structures: specific rules for Ultra-High Performance Fibre-Reinforced Concrete* (UHPFRC) (NFP18-710—2016)] 给出。

B.0.11 活性粉末混凝土的收缩应变 ε_{cs} 可按下列方法计算：

1 不采用湿热养护时，收缩应变可按式（B.0.11-1）计算：

$$\varepsilon_{cs} = 7 \times 10^{-4} e^{-\left(\frac{2.5}{\sqrt{t-0.5}}\right)} \quad (B.0.11-1)$$

2 采用湿热养护时，收缩应变可按式（B.0.11-2）和式（B.0.11-3）计算：

$$\varepsilon_{cs} = 2.5 \times 10^{-4} t \qquad t \leq 2d \quad (B.0.11-2)$$

$$\varepsilon_{cs} = 5 \times 10^{-4} \qquad t > 2d \quad (B.0.11-3)$$

式中：t——龄期（d）。

条文说明

本条活性粉末混凝土收缩应变的发展规律和相应计算公式，是参照《活性粉末混凝土结构技术规程》（DBJ43/T 325—2017）及国内外试验研究结果得出。当采用湿热养护方式时，活性粉末混凝土收缩在 2d 内基本完成，即在养护期内已基本完成，后期收缩增量可忽略不计。

B.0.12 活性粉末混凝土受弯和偏心受力构件正截面受压区压应力计算的应力图简化为等效的矩形应力图时，矩形应力图高度与实际受压区高度的比值 β 可按表 B.0.12 取用，矩形应力图的压力强度宜取活性粉末混凝土的轴心抗压强度设计值 f_{cd}。

表 B.0.12 β 值

活性粉末混凝土强度等级	UC100	UC120	UC140	UC160	UC180
β	0.86	0.85	0.83	0.81	0.80

条文说明

活性粉末混凝土结构正截面承载力计算时仍沿用《公路钢筋混凝土及预应力混凝土桥涵设计规范》（JTG 3362—2018）等规范的习惯，采用等效矩形应力图块代替实际的应力图形分布。根据本规范第 B.0.7 条可以计算 UC100～UC180 的 β 值和等效矩形应力图的应力等效系数，计算的各强度等级活性粉末混凝土应力等效系数变化不大，约为 0.98，为方便计算及与《公路钢筋混凝土及预应力混凝土桥涵设计规范》（JTG 3362—2018）保持一致，取为 1.0，因此这里仅给出了计算的 β 值。

B.0.13 活性粉末混凝土受弯构件的正截面相对界限受压区高度 ξ_b 可按下列方法计算：

1 热轧普通钢筋可按式（B.0.13-1）计算：

$$\xi_b = \frac{\beta}{1 + \dfrac{f_{sd}}{\varepsilon_{cu} E_s}} \quad (B.0.13-1)$$

2 无屈服点钢筋可按式（B.0.13-2）计算：

$$\xi_b = \frac{\beta}{1 + \dfrac{0.002}{\varepsilon_{cu}} + \dfrac{f_{sd}}{\varepsilon_{cu} E_s}} \quad (B.0.13-2)$$

3 钢绞线和钢丝可按式（B.0.13-3）计算：

$$\xi_b = \frac{\beta}{1 + \dfrac{0.002}{\varepsilon_{cu}} + \dfrac{f_{pd} - \sigma_{p0}}{\varepsilon_{cu} E_p}} \quad (B.0.13-3)$$

式中：β——受弯构件受压区矩形应力块高度 x 与实际受压区高度 x_0 的比值，按本规范第 B.0.12 条的规定采用；

f_{sd}、f_{pd}——普通钢筋、预应力钢筋的抗拉强度设计值（MPa）；

ε_{cu}——受弯构件受压边缘混凝土的极限压应变，按本规范第 B.0.7 条规定取用；

σ_{p0}——受拉区纵向预应力钢筋合力点处混凝土法向应力等于零时预应力钢筋的应力（MPa）；

E_s、E_p——普通钢筋、预应力钢筋的弹性模量。

条文说明

参考《公路钢筋混凝土及预应力混凝土桥涵设计规范》（JTG 3362—2018）的规定，根据活性粉末混凝土的极限压应变制定。

附录 C 圆形管墩-承台承插式连接设计要求

C.0.1 圆形管墩-承台承插式连接（图 C.0.1）构造除应符合本规范第 6.2.5 条的规定外，尚应满足下列要求：

1 圆形管墩承插深度应不小于墩柱直径的 0.7 倍。
2 圆形管墩承插段端部可设置钢端板并与墩柱主筋穿孔塞焊。
3 圆形管墩与承台预留承插孔接缝材料应采用高强水泥灌浆料，其性能指标要求应满足本规范第 4.2.6 条的要求。
4 圆形管墩底部内腔应填充补偿收缩混凝土，强度不宜低于 C30，填充高度应考虑车辆等撞击作用，且不宜小于墩柱潜在塑性铰区加密箍筋配置范围。
5 承台预留承插孔采用冷弯波纹钢管形成剪力键构造时，宜选用环形波纹钢整体管，产品参数应符合现行《冷弯波纹钢管》（GB/T 34567）的规定，波距和波深应与预制管墩键槽尺寸相近。

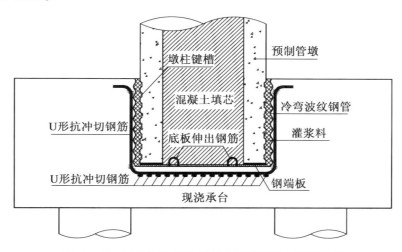

图 C.0.1 圆形管墩-承台承插式连接典型方案示意图

条文说明

1 中交第二公路勘察设计研究院有限公司、湖北省交通投资集团有限公司、同济大学和上海应用技术大学联合进行了预制管墩与承台的承插式连接试验研究，试验结果表明，采用连接部设置键槽并灌注高强灌浆料的连接方式，0.7 倍墩柱直径的承插深度连接性能与现浇结构基本相当，因此确定 0.7 倍墩柱直径为最小承插深度值，该研究成果已成功应用于工程实践。

2 圆形管墩承插段端部设置钢端板并与墩柱主筋穿孔塞焊后，最小承插深度可以不受预制墩柱插入段纵向钢筋最小锚固长度要求的限制。

4 圆形管墩内腔采用混凝土进行填充的主要作用有：①增强承插式连接的整体性；②防止汽车撞击等偶然作用发生时管墩构件的局部破坏；③满足管墩塑性铰区域的抗震设计要求。

5 承台预留承插孔设置波纹钢管可以同时起到施工内模板、形成剪力键槽和提供环向约束的作用，是承插式连接一项经济有效的技术措施。

C.0.2 圆形管墩-承台承插式连接强度宜采用有限元模型计算或通过试验验证确定，模型试验比例尺应大于1:3。

条文说明

目前，采用管墩-承台承插式连接装配式桥墩的工程实践不多，尚未准确判明结构的破坏机理，未形成连接部承载力计算公式，建议通过有限元模拟或试验研究验证设计。模型试验比例尺太小无法还原接缝和键槽的作用。

C.0.3 圆形管墩-承台承插式连接的最小承插深度可按式（C.0.3-1）~式（C.0.3-3）估算：

$$X = \max(X_1, X_2) \tag{C.0.3-1}$$

$$X_1 = \frac{2V_{c0} + \sqrt{4V_{c0}^2 + 16.2M_n f_{cd} D_k}}{2.7 f_{cd} D_k} \tag{C.0.3-2}$$

$$X_2 = 5.55 \times \frac{\tau_c}{f_{cd}} \left(\sqrt{1 + 0.31 \times \frac{f_{cd}}{\tau_c^2} \cdot \frac{M_n}{D_k^3}} - 1 \right) D_k \tag{C.0.3-3}$$

式中：X——承插深度估算值（mm）；

V_{c0}——管墩塑性铰区域截面超强弯矩所对应的剪力值（N），应符合现行《公路桥梁抗震设计规范》（JTG/T 2231-01）的有关规定；

M_n——管墩超强弯矩（N·mm），应符合现行《公路桥梁抗震设计规范》（JTG/T 2231-01）的有关规定；

f_{cd}——承台混凝土轴心抗压强度设计值（MPa）；

D_k——桩基承台预留承插孔的内径（mm）；

τ_c——双侧键槽剪应力设计值（MPa），该处取$\tau_c = 0.148 f_{cd}$。

条文说明

本条参考了国内港口工程相关公式和加拿大承插式连接研究成果。其中，作用组合采用墩柱的超强弯矩及超强弯矩对应的剪力值，材料强度采用设计值，使得公式符合能力保护原则和极限状态设计方法；用双侧键槽剪应力设计值替换了加拿大计算公式中的黏结应力值。

双侧键槽剪应力设计值τ_c有两种计算方法：①参考美国AASHTO规范针对预制拼装主梁干接缝截面抗剪公式$\tau_c = 0.42f_{cd}^{2/3}$；②根据本规范式（5.4.9-6），取$\phi_j = 0.85$、$\sigma_c = f_{cd}/2$推算得出$\tau_c = 0.148f_{cd}$，按承台不同强度等级，两者计算结果对比见表C-1。

由表可见计算结果相差不大，本条采用了相对安全的第二种方法。

实际工程中，管墩混凝土强度远大于承台混凝土强度，故本条以承台混凝土强度控制承插深度。当管墩混凝土强度等级低于C60或承台混凝土强度等级高于C40时，需同时以管墩外径、管墩混凝土强度等级进行承插深度估算，并取其中较大值。

表 C-1 双侧键槽剪应力设计值对比结果

计算方法	C30	C35	C40	C45	C50
$\tau_c = 0.42f_{cd}^{2/3}$	2.42	2.68	2.93	3.15	3.34
$\tau_c = 0.148f_{cd}$	2.04	2.38	2.72	3.03	3.32

C.0.4 圆形管墩-承台承插式连接的承台抗冲切承载力（图C.0.4）可按式（C.0.4）估算：

$$\gamma_0 F_{ld} \leq 0.35\beta_h f_{td} U_m h_0 + 0.75 f_{sd} A_{su} + 0.5 U X \tau_c \quad (C.0.4)$$

式中：F_{ld}——管墩作用于承台最大竖向力设计值（N）；

β_h——承台底板高度尺寸效应系数，当$h \leq 300$mm时，取$\beta_h = 1.0$；当$h \geq 800$mm时，取$\beta_h = 0.85$，其间按直线内插取值，此处h为承台底板的高度；

f_{td}——承台混凝土轴心抗拉强度设计值（MPa）；

U_m——承台距离墩底作用面$h_0/2$处破坏锥体截面面积的周长（mm），管墩将其换算为边长等于0.8倍直径的方形截面墩柱后再取U_m；

h_0——墩底距离承台底板主筋的距离（mm）；

f_{sd}——预留承插孔周边U形抗冲切钢筋抗拉强度设计值（MPa）；

A_{su}——预留承插孔周边U形抗冲切钢筋总截面面积（mm²）；

U——管墩截面周长（mm）；

τ_c——双侧键槽剪应力设计值（MPa），该处取$\tau_c = 0.08f_{cd}$。

条文说明

专题试验研究发现，承台竖向抗冲切承载力主要由剪力键槽、承台底板和U形抗冲切钢筋共同提供，试验构件三个部分的贡献比例大约是40%、34%和26%。本条中承台底板和U形抗冲切钢筋提供的竖向抗冲切承载力参考《公路钢筋混凝土及预应力混凝土桥涵设计规范》（JTG 3362—2018）中式（5.6.2-2）确定，剪力键槽剪应力设计值根据本规范式（5.4.9-6），取$\phi_j = 0.85$、$\sigma_c = 0$推算得出，安全系数取2.0。

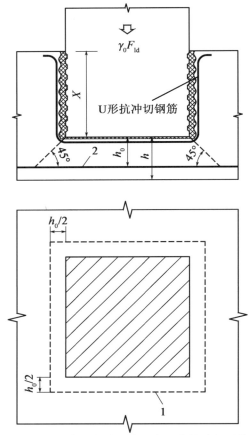

图 C.0.4 管墩-承台承插式连接方案承台抗冲切承载力估算

X-承插深度；h-承台底板厚度；h_0-承台底板的有效厚度；1-承台距离墩底作用面 $h_0/2$ 处破坏锥体截面；2-拉杆钢筋

C.0.5 圆形管墩-承台承插式连接方案承台的极限承载力按现行《公路钢筋混凝土及预应力混凝土桥涵设计规范》（JTG 3362）中的拉压杆模型方法进行设计时，应按图 C.0.5 对拉压杆模型进行修正。

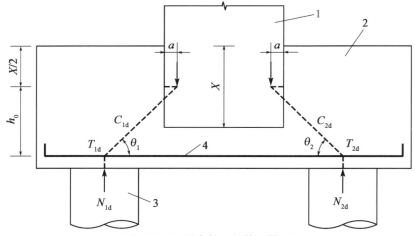

图 C.0.5 承台拉压杆修正模型

X-承插深度；h_0-修正后的承台有效高度；a-压杆中线与承台顶面的交点至墩台边缘的距离；θ_1、θ_2-斜压杆与拉杆之间的夹角；1-预制墩身；2-承台；3-桩；4-拉杆钢筋

条文说明

试验研究发现,承台预留承插孔对承台刚度有一定削弱,在竖向荷载作用下承台变形与底板厚度成反比,因此对原拉压杆模型中 h_0 值进行了适当调整。

本规范用词用语说明

1 本规范执行严格程度的用词，采用下列写法：

1）表示很严格，非这样做不可的用词，正面词采用"必须"，反面词采用"严禁"；

2）表示严格，在正常情况下均应这样做的用词，正面词采用"应"，反面词采用"不应"或"不得"；

3）表示允许稍有选择，在条件许可时首先应这样做的用词，正面词采用"宜"，反面词采用"不宜"；

4）表示有选择，在一定条件下可以这样做的用词，采用"可"。

2 引用标准的用语采用下列写法：

1）在标准总则中表述与相关标准的关系时，采用"除应符合本规范的规定外，尚应符合国家和行业现行有关标准的规定"。

2）在标准条文及其他规定中，当引用的标准为国家标准和行业标准时，表述为"应符合现行《××××××》（×××）的有关规定"。

3）当引用本规范中的其他规定时，表述为"应符合本规范第×章的有关规定"、"应符合本规范第×.×节的有关规定"、"应符合本规范第×.×.×条的有关规定"或"应按本规范第×.×.×条的有关规定执行"。

现行公路工程行业标准一览表

(2022 年 3 月)

序号	板块	模块	现行编号	名　　称	定价(元)
1	总体		JTG 1001—2017	公路工程标准体系(14300)	20.00
2			JTG A02—2013	公路工程行业标准制修订管理导则(10544)	15.00
3			JTG A04—2013	公路工程标准编写导则(10538)	20.00
4	通用	基础	JTG B01—2014	公路工程技术标准(活页夹版,11814)	98.00
				公路工程技术标准(平装版,11829)	68.00
5			JTG 2111—2019	小交通量农村公路工程技术标准(15327)	50.00
6			JTG/T 3311—2021	小交通量农村公路工程设计规范(17487)	60.00
7			JTG 2112—2021	城镇化地区公路工程技术标准(17752)	50.00
8			JTJ 002—87	公路工程名词术语(0346)	22.00
9			JTJ 003—86	公路自然区划标准(0348)	16.00
10			建标〔2011〕124 号	公路工程项目建设用地指标(09402)	36.00
11			JTG 2120—2020	公路工程结构可靠性设计统一标准(16532)	50.00
12			JTG F80/1—2017	公路工程质量检验评定标准　第一册　土建工程(14472)	90.00
13			JTG 2182—2020	公路工程质量检验评定标准　第二册　机电工程(16987)	60.00
14		安全	JTG B05—2015	公路项目安全性评价规范(12806)	45.00
15			JTG B05-01—2013	公路护栏安全性能评价标准(10992)	30.00
16			JTG B02—2013	公路工程抗震规范(11120)	45.00
17			JTG/T 2231-01—2020	公路桥梁抗震设计规范(16483)	80.00
18			JTG/T 2231-02—2021	公路桥梁抗震性能评价细则(16433)	40.00
19			JTG 2232—2019	公路隧道抗震设计规范(16131)	60.00
20			JTG F90—2015	公路工程施工安全技术规范(12138)	68.00
21		绿色	JTG/T 2321—2021	公路工程利用建筑垃圾技术规范(17536)	40.00
22			JTG B03—2006	公路建设项目环境影响评价规范(13373)	40.00
23			JTG B04—2010	公路环境保护设计规范(08473)	28.00
24			JTG/T 2340—2020	公路工程节能规范(16115)	30.00
25		智慧	JTG/T 2420—2021	公路工程信息模型应用统一标准(17181)	50.00
26			JTG/T 2421—2021	公路工程设计信息模型应用标准(17179)	80.00
27			JTG/T 2422—2021	公路工程施工信息模型应用标准(17180)	70.00
28	建设	勘测	JTG C10—2007	公路勘测规范(06570)	40.00
29			JTG/T C10—2007	公路勘测细则(06572)	42.00
30			JTG C20—2011	公路工程地质勘察规范(09507)	65.00
31			JTG/T C21-01—2005	公路工程地质遥感勘察规范(0839)	17.00
32			JTG/T C21-02—2014	公路工程卫星图像测绘技术规程(11540)	25.00
33			JTG/T 3222—2020	公路工程物探规程(16831)	60.00
34			JTG 3223—2021	公路工程地质原位测试规程(17325)	100.00
35			JTG C30—2015	公路工程水文勘测设计规范(12063)	70.00
36		设计	JTG/T 3310—2019	公路工程混凝土结构耐久性设计规范(15635)	50.00
37			JTG D20—2017	公路路线设计规范(14301)	80.00
38			JTG/T D21—2014	公路立体交叉设计细则(11761)	60.00
39			JTG D30—2015	公路路基设计规范(12147)	98.00
40			JTG/T D31—2008	沙漠地区公路设计与施工指南(1206)	32.00
41			JTG/T D31-02—2013	公路软土地基路堤设计与施工技术细则(10449)	40.00
42			JTG/T D31-03—2011	采空区公路设计与施工技术细则(09181)	40.00
43			JTG/T D31-04—2012	多年冻土地区公路设计与施工技术细则(10260)	40.00
44			JTG/T D31-05—2017	黄土地区公路路基设计与施工技术细则(13994)	50.00
45			JTG/T D31-06—2017	季节性冻土地区公路设计与施工技术规范(13981)	45.00
46			JTG/T D32—2012	公路土工合成材料应用技术规范(09908)	50.00
47			JTG/T D33—2012	公路排水设计规范(10337)	40.00
48			JTG/T 3334—2018	公路滑坡防治设计规范(15178)	55.00
49			JTG D40—2011	公路水泥混凝土路面设计规范(09463)	40.00
50			JTG D50—2017	公路沥青路面设计规范(13760)	50.00
51			JTG/T 3350-03—2020	排水沥青路面设计与施工技术规范(16651)	50.00
52			JTG D60—2015	公路桥涵设计通用规范(12506)	40.00
53			JTG/T 3360-01—2018	公路桥梁抗风设计规范(15231)	75.00
54			JTG/T 3360-02—2020	公路桥梁抗撞设计规范(16435)	40.00
55			JTG/T 3360-03—2018	公路桥梁景观设计规范(14540)	40.00
56			JTG D61—2005	公路圬工桥涵设计规范(13355)	30.00
57			JTG 3362—2018	公路钢筋混凝土及预应力混凝土桥涵设计规范(14951)	90.00
58			JTG 3363—2019	公路桥涵地基与基础设计规范(16223)	90.00
59			JTG D64—2015	公路钢结构桥梁设计规范(12507)	80.00
60			JTG/T D64-01—2015	公路钢混组合桥梁设计与施工规范(12682)	45.00
61			JTG/T 3364-02—2019	公路钢桥面铺装设计与施工技术规范(15637)	50.00
62			JTG/T 3365-01—2020	公路斜拉桥设计规范(16365)	50.00
63			JTG/T 3365-02—2020	公路涵洞设计规范(16583)	50.00
64			JTG/T D65-05—2015	公路悬索桥设计规范(12674)	55.00
65			JTG/T D65-06—2015	公路钢管混凝土拱桥设计规范(12514)	40.00
66			JTG/T 3365-05—2022	公路装配式混凝土桥梁设计规范(17885)	60.00
67			JTG 3370.1—2018	公路隧道设计规范　第一册　土建工程(14639)	110.00
68			JTG D70/2—2014	公路隧道设计规范　第二册　交通工程与附属设施(11543)	50.00

序号	板块	模块	现行编号	名称	定价(元)
69	建设	设计	JTG/T D70—2010	公路隧道设计细则(08478)	66.00
70			JTG/T D70/2-01—2014	公路隧道照明设计细则(11541)	35.00
71			JTG/T D70/2-02—2014	公路隧道通风设计细则(11546)	70.00
72			JTG/T 3371—2022	公路水下隧道设计规范(17889)	120.00
73			JTG/T 3374—2020	公路瓦斯隧道设计与施工技术规范(16141)	60.00
74			JTG D80—2006	高速公路交通工程及沿线设施设计通用规范(0998)	25.00
75			JTG D81—2017	公路交通安全设施设计规范(14395)	60.00
76			JTG/T D81—2017	公路交通安全设施设计细则(14396)	90.00
77			JTG/T 3381-02—2020	公路限速标志设计规范(16696)	40.00
78			JTG D82—2009	公路交通标志和标线设置规范(07947)	116.00
79			JTG/T 3383-01—2020	公路通信及电力管道设计规范(16686)	40.00
80			JTG/T L11—2014	高速公路改扩建设计细则(11998)	45.00
81			JTG/T L80—2014	高速公路改扩建交通工程与沿线设施设计细则(11999)	30.00
82			JTG/T 3392—2022	高速公路改扩建交通组织设计规范(17883)	50.00
83		试验	JTG E20—2011	公路工程沥青及沥青混合料试验规程(09468)	106.00
84			JTG 3420—2020	公路工程水泥及水泥混凝土试验规程(16989)	100.00
85			JTG 3430—2020	公路土工试验规程(16828)	120.00
86			JTG E41—2005	公路工程岩石试验规程(13351)	30.00
87			JTG E42—2005	公路工程集料试验规程(13353)	50.00
88			JTG E50—2006	公路工程土工合成材料试验规程(13398)	40.00
89			JTG E51—2009	公路工程无机结合料稳定材料试验规程(08046)	60.00
90			JTG 3450—2019	公路路基路面现场测试规程(15830)	90.00
91		检测	JTG/T 3520—2021	公路机电工程测试规程(17414)	60.00
92			JTG/T 3512—2020	公路工程基桩检测技术规程(16482)	60.00
93		施工	JTG/T 3610—2019	公路路基施工技术规范(15769)	80.00
94			JTG/T F20—2015	公路路面基层施工技术细则(12367)	45.00
95			JTG/T F30—2014	公路水泥混凝土路面施工技术细则(11244)	60.00
96			JTG F40—2004	公路沥青路面施工技术规范(05328)	50.00
97			JTG/T 3650—2020	公路桥涵施工技术规范(16434)	125.00
98			JTG/T 3650-02—2019	特大跨径公路桥梁施工测量规范(15634)	80.00
99			JTG/T 3660—2020	公路隧道施工技术规范(16488)	100.00
100			JTG/T 3671—2021	公路交通安全设施施工技术规范(17000)	50.00
101			JTG/T F72—2011	公路隧道交通工程与附属设施施工技术规范(09509)	35.00
102		监理	JTG G10—2016	公路工程施工监理规范(13275)	40.00
103		造价	JTG 3810—2017	公路工程建设项目造价文件管理导则(14473)	50.00
104			JTG/T 3811—2020	公路工程施工定额测定与编制规程(16083)	60.00
105			JTG/T 3812—2020	公路工程建设项目造价数据标准(16836)	100.00
106			JTG 3820—2018	公路工程建设项目投资估算编制办法(14362)	60.00
107			JTG/T 3821—2018	公路工程估算指标(14363)	120.00
108			JTG 3830—2018	公路工程建设项目概算预算编制办法(14364)	60.00
109			JTG/T 3831—2018	公路工程概算定额(14365)	270.00
110			JTG/T 3832—2018	公路工程预算定额(14366)	300.00
111			JTG/T 3833—2018	公路工程机械台班费用定额(14367)	50.00
112	养护	综合	JTG H10—2009	公路养护技术规范(08071)	60.00
113			JTG 5120—2021	公路桥涵养护规范(17160)	60.00
114			JTG/T 5122—2021	公路缆索结构体系桥梁养护技术规范(17764)	60.00
115			JTG H12—2015	公路隧道养护技术规范(12062)	60.00
116			JTJ 073.1—2001	公路水泥混凝土路面养护技术规范(13658)	20.00
117			JTG 5142—2019	公路沥青路面养护技术规范(15612)	60.00
118			JTG/T 5142-01—2021	公路沥青路面预防养护技术规范(17578)	50.00
119			JTG 5150—2020	公路路基养护技术规范(16596)	40.00
120			JTG/T 5190—2019	农村公路养护技术规范(15430)	30.00
121		检测评价	JTG 5210—2018	公路技术状况评定标准(15202)	40.00
122			JTG/T E61—2014	公路路面技术状况自动化检测规程(11830)	25.00
123			JTG/T H21—2011	公路桥梁技术状况评定标准(09324)	46.00
124			JTG/T J21—2011	公路桥梁承载能力检测评定规程(09480)	20.00
125			JTG/T J21-01—2015	公路桥梁荷载试验规程(12751)	40.00
126			JTG 5220—2020	公路养护工程质量检验评定标准 第一册 土建工程(16795)	80.00
127		养护设计	JTG 5421—2018	公路沥青路面养护设计规范(15201)	40.00
128			JTG/T J22—2008	公路桥梁加固设计规范(07380)	52.00
129			JTG/T 5440—2018	公路隧道加固技术规范(15402)	70.00
130		养护施工	JTG/T F31—2014	公路水泥混凝土路面再生利用技术细则(11360)	30.00
131			JTG/T 5521—2019	公路沥青路面再生技术规范(15839)	60.00
132			JTG/T J23—2008	公路桥梁加固施工技术规范(07378)	40.00
133			JTG H30—2015	公路养护安全作业规程(12234)	90.00
134		造价	JTG 5610—2020	公路养护预算编制导则(16733)	50.00
135			JTG/T M72-01—2017	公路隧道养护工程预算定额(14189)	60.00
136			JTG/T 5612—2020	公路桥梁养护工程预算定额(16855)	50.00
137			JTG/T 5640—2020	农村公路养护预算编制办法(16302)	70.00
138	运营	收费服务	JTG/T 6303.1—2017	收费公路移动支付技术规范 第一册 停车移动支付(14380)	20.00
139			JTG B10-01—2014	公路电子不停车收费联网运营和服务规范(11566)	30.00

注:JTG——公路工程行业标准;JTG/T——公路工程行业推荐性标准。销售电话:010-85285659;业务咨询电话:010-85285922/30。